Hinter den Fensterscheiben

Rolf-J.Lang

Hinter den Fensterscheiben

Dorfratsch, Anekdoten und Stammtischweisheiten
aus einem oberbayerischen Dorf

Herausgeber: Gemeinde Hofstetten, Landkreis Landsberg am Lech

Bibliografische Information der Deutschen Nationalbibliothek: Die Deutsche Nationalbibliothek verzeichnet diese Publikation in der Deutschen Nationalbibliografie; detaillierte bibliografische Daten sind im Internet über dnb.dnb.de abrufbar.

Herstellung und Verlag:
BoD – Books on Demand, Norderstedt.

© 2024 Rolf-J.Lang

ISBN: 978-3-759-720672

Klopfen
die Tür geht auf
ich trete ein
darf für Momente bleiben

Worte
Gedanken sprudeln
den Stift bereit
beginne ich zu schreiben

Bilder
vergilbt in Fotoalben
so ist mein Blick
hinter die Fensterscheiben

Inhalt:

Vom Seelenleben einer oberbayrischen Gemeinde

„Hast Du `s schon gehört?"
„Was?"
„Die Huaberin hat wieder......!"
Und dann wird hinter vorgehaltener Hand im Flüsterton über das peinliche Missgeschick der „Huaberin" getuschelt.

Pünktlich um fünf Uhr nachmittags hat das „huaberische Dorfereignis" den Stammtisch in der Wirtsstube erreicht, wird dort ausführlich und laut ausgebreitet und löst die ersten herzhaften Lachsalven der angeregten Abendunterhaltung aus.
Die Flüsterpost des Dorfes hat der Sensation um die „Huaberin" wieder voll Rechnung getragen. Bereits am darauffolgenden Tag gilt diese bestfunktionierende Dorfeinrichtung nicht mehr der „Huaberin", sondern dem „Maier-Sepp" oder dem „Fischer-Bub".
Welches Dorf kennt sie nicht, den Dorftratsch und die Stammtischanekdoten? Egal ob in Bayern, in Schleswig-Holstein, in Hessen oder Sachsen, ja, selbst in Italien, Belgien, in Dänemark oder Spanien, die Sensationsgeschichten, die es oft nicht in irgendwelche Zeitungen und andere Publikationen schaffen, zeugen vom vergnüglichen Miteinander in jedem Dorf.

Und es gibt an jedem Stammtisch und bei jedem Seniorennachmittag die eine oder den anderen, die sich an die „ungewöhnliche Brotrechnung", das „besonders gut gekühlte Bier", den „ungewöhnlichen Maibaumklau" und all die anderen Kuriositäten im Dorf erinnern. Mit allen notwendigen Ausschmückungen geben sie diese dann zum Besten. Irgendwann jedoch wird die eine Geschichte oder andere Anekdote nicht mehr erzählt, weil der letzte, der sie noch selbst miterlebt hat, sich endgültig zur Ruhe gelegt hat und andere sie nicht halb so farbenprächtig wiedergeben können.

Aber sind es nicht gerade diese Geschichten, die von der Lebensart, von der Lebensfreude, ja, von der Lebenslust in einem Dorf Zeugnis geben? Sind es nicht die sogenannten „Originale" in einer Dorfgemeinschaft, welche die Liebenswürdigkeit dieser Gemeinde ausmachen und prägen?

25 Jahre lang haben wir mit gespitzten Ohren an Stammtischen und bei Seniorennachmittagen, am Dorfplatz und am Friedhof den Erzählungen gelauscht. Wir sind in die Wohnzimmer der „Eingeborenen" gegangen, haben hinter ihre Fensterscheiben geschaut und sie gebeten ihre analogen und auch geistigen Fotoalben zu öffnen. Dabei haben wir ihnen wundersame, lustige und auch skurrile Geschichten entlockt, die es dann mit gespitztem Stift in unseren alljährlichen Dorfkalender geschafft haben, um allen im Dorf ein Schmunzeln oder auch ein herzhaftes Lachen ins Gesicht zu zaubern. Damit aber haben sie auch den letzten Erzähler überlebt und stehen bereit, noch jüngeren Lauschern viel Vergnügen zu bereiten.

Schauen Sie gerne hinter die Fensterscheiben unserer Gemeinde und freuen Sie sich über einen Spaziergang durch die gesammelten Unglaublichkeiten eines oberbayrischen Dorfes, der vom „Kräuter-Schorschl" über den Pfarrer, der eine Dorfbewohnerin öffentlich in den Beichtstuhl zitierte, hin zu dem Kartenbruder führt, der „fast ins Gras gebissen" hätte.

Viel Vergnügen wünscht Ihnen Ihr Geschichtenerzähler

Rolf-J. Lang

„Do sema darhua!"*

Eine kleine oberbayrische Gemeinde zwischen Lech und Ammersee erzählt aus ihrem Leben!

Zwar gibt es keine schriftlichen Urkunden, aber die Forschung weißt inzwischen nach, dass bei den ältesten Siedlungen aus der Bajuwaren-Zeit die Ortsnamen mit „ing" oder „ingen" endeten.
Der Weiler Memming dürfte somit bereits vor 520 n. Chr. bewohnt gewesen sein und ist der älteste Teil der Gemeinde von der hier zu erzählen sein wird.
Von Hagenheim weiß man, dass der Ort nach 740, also mindestens 200 Jahre nach Memming entstanden ist. Urkundlich erwähnt ist Hagenheim erstmalig am 20. Dezember 943 im Kalender des Abtes Benedikt von Wessobrunn.

*„Da sind wir zuhause!"

Die ersten Höfe von Hofstetten muss es wohl Ende des 6., Anfang des 7. Jahrhunderts gegeben haben. Der urkundliche Nachweis von Hofstetten stammt aus dem Jahre 1083.

Der jüngste Teil unserer Gemeinde ist Grünsink. Erst 1887 wurde der Torfstich in der „grünen Senke" von Georg Stricker bewohnbar gemacht.

1. Kuriositäten und andere Unglaublichkeiten

Stellen Sie sich vor, Sie sitzen abends in der Dorfwirtschaft Ihres Urlaubsortes Sie genießen ein typisch regionales Gericht und das entsprechende Getränk dazu und lauschen der nicht gerade leisen Konversation am Stammtisch nebenan. Vielleicht sind Sie auch in der Lage, der nicht gerade einfach verständlichen Mundart zu folgen und können manchmal sogar mitlachen.

Trotzdem wollen Sie nicht glauben, was Sie da hören und sind fest davon überzeugt, dass dort am Tisch Reden geschwungen werden, an deren Wahrheitsgehalt sehr zu zweifeln ist. Schnell vermuten Sie einen Prahlhans vom Kaliber des „Käpt`n-Blaubär" hinter dem wortführenden Erzähler, der in dieser illustren Männer-Runde sein „Seemannsgarn" spinnt.

Doch auch, wenn man es im ersten Moment nicht glauben mag, das Leben schreibt so manche Geschichte, die sich wirklich anhören, wie Märchen aus der Sammlung der Brüder Grimm.

Eine ungewöhnliche Brotrechnung

Beim Wiedemann in Memming nahm man in den 70er und 80er Jahren des letzten Jahrhunderts gerne das Angebot wahr, dass der Bäcker vom Nachbardorf an einigen Tagen in der Woche auf den Hof kam und Brot, Semmeln und Brezen brachte. Weil er aber immer zur Stallzeit kam, lieferte er zwar gewissenhaft die aufgetragenen Backwaren, das Geld dafür nahm er aber nie in Empfang.

Irgendwann sagte die Wiedemann Anni zum Hans: „Du machst das klar mit dem Bäcker, oder?" Schließlich hatte Hans die Brotlieferung am Stammtisch beim Löwen in Hagenheim mit dem Thaininger Bäcker vereinbart. Erstaunt verneinte Hans eine finanzielle Regelung mit dem Bäcker, da er der Meinung war, Anni würde dies erledigen.

Der Wiedemann-Bauer und seine Frau bekamen langsam ein schlechtes Gewissen und Hans mahnte den Bäcker am Stammtisch einige Male endlich einmal abzurechnen. "Ja, ja" antwortete dieser nur, „i wea mei Goid vo ench scho kriang!"*

So gingen einige Jahre ins Land - genau gesagt: zehn Jahre-. Denn die erste Lieferung erfolgte im Januar 1974.

Am 2. Januar 1984 erhielt der Bauer vom Gut Memming seine Brotrechnung. Inzwischen hatte der Bäcker 1595 Brote, 11860 Semmeln und 2560 Brezen geliefert.

Natürlich hatte der Bäcker ganz genau darauf geachtet, dass die Backwaren nur zu dem Preis in Rechnung gestellt wurden, die sie zum Liefertermin gekostet hatten (siehe nebenstehende Rechnung). Dem Bäcker waren die Zufriedenheit und das Wohlergehen seines Kunden doch um einiges wichtiger als der eigene Geldbeutel.

Am 13. Januar 1984 war die Rechnung in Höhe von 6290 Mark und 80 Pfennig bezahlt und die Wiedemanns hatten auch kein schlechtes Gewissen mehr.

Eigentlich hätten die Wiedemanns die Rechnung in der Höhe gar nicht bezahlen müssen, denn acht Jahre Brotlieferung waren ja bereits verjährt, aber ein Handschlag ist ein Handschlag und gilt bei uns im Dorf mehr als ein unterschriebener Vertrag.

Bei einem Brotpreis von 3,50 €, den Kosten für eine Semmel von 0,45 € und für eine Breze von 0,95 € würde die Rechnung heute 13.351,50 € betragen.

*Ich werde mein Geld von euch schon bekommen!

Die Schwarzfischer vom Eglsee

Man schrieb das Jahr 1981. Es war ein Sonntagvormittag im März, als einige Jungbauern aus Hagenheim sich mit einem Transparent am Eglsee postierten.

EGLSEE IST HAGENHEIM! HAGENHEIM IST EGLSEE!

war in großen Lettern darauf zu lesen. Was war geschehen?

Die Angelrechte für den Eglsee sollten neu verpachtet werden. Der Gemeinderat traf sich mit den Bewerbern -jenen Hagenheimer Jungbauern, einer Hofstetter Gruppierung und zwei Privatleuten aus München- vor Ort, um über die Pachtvergabe zu entscheiden. Die Hagenheimer beanspruchten mit ihrer Demonstration ein Bevorzugungsrecht, da der Eglsee auf der Hagenheimer Flur liegt.

Auf Vermittlung des Gemeinderates dauerte es genau zwei Stunden, bis sich die Hagenheimer und die Hofstetter in der Gaststube vom Löwen darauf einigten, eine Anglergemeinschaft zu gründen: den „Fischerverein Eglsee". Dieser bekam dann auch den Zuschlag für die Pacht. War es die Vergesslichkeit der Gemeinde? War es die Aufregung über die Demonstration? Oder war es das gute Bier bei der Hagenheimer Wirtin? Der Pachtvertrag wurde jedenfalls nicht, wie unbedingt erforderlich, ans Landsberger Landratsamt weitergeleitet. Auch gab es keine gültig abgestempelten Jahres- und Tageskarten. Das Fischen am Eglsee war somit offiziell verboten. Korrekt und sorgfältig, wie unsere Behörden nun mal sind, entging einem jungen, aufmerksamen Polizisten im April 2002 (also 21 Jahre später) nicht, dass ausgerechnet der Hagenheimer Förster (selbstverständlich Mitglied des Fischervereins) sich angelnderweise am Eglsee der Wilderei schuldig machte. Und so traf ihn die volle Härte des Gesetzes.

P.S. Nach rekordverdächtigen 21 Jahren dürfen sich die Angler künftig bedenkenlos „Schwarzfischerverein Eglsee" nennen.

Das Pfarrgartenobst findet reißenden Absatz

Der große Apfelbaum im Pfarrgarten von Hofstetten trug im Herbst
jenes Jahres besonders viele und besonders große Äpfel.
Eines Morgens, als der Pfarrer Bachhofer zum Frühgottesdienst eilte,
bleib er wie vom Donner gerührt im Garten stehen, denn er traute
seinen Augen nicht: Alle Äpfel, wirklich bis auf den letzten, waren in der
Nacht von seinem Baum abgeerntet worden.
Außer sich vor Zorn lief er um den Baum herum und schrie seine Wut in
den Morgenhimmel.
Da machte er- wohl mit Gottes Hilfe- eine wichtige Entdeckung. Im Gras
unter dem Apfelbaum lag der Absatz eines Schuhs, genauer gesagt:
eines Damenschuhs.
Am Vormittag dieses Herbsttages sah man Pfarrer Bachhofer mit
wehender Sutane zum Dorfschuster Löbhard eilen. Dem Schuster
Löbhard war der Absatz wohl bekannt und er gab dem Hochwürden
natürlich sogleich Auskunft über die dazu passende Schuhträgerin.
Am darauffolgenden Sonntag nahm sich der Pfarrer Bachhofer das
siebte Gebot in seiner Predigt vor. (Du sollst nicht stehlen!)
Plötzlich hob er den Schuhabsatz in die Höhe und rief seiner
erschrockenen Gemeinde zu: „Ich kenne diejenige, die diesen Absatz
beim nächtlichen Diebstahl meiner Äpfel verloren hat. Dort will ich sie
sehen, dort!" schrie er nun zornig in die Hofstetter Kirche und deutete
mit ausgestrecktem Finger auf den Beichtstuhl.
Ob die Hofstetter Apfeldiebin den Weg in den Beichtstuhl gefunden hat
und welche Buße ihr der Pfarrer Bachhofer auferlegt hat, ist dem
Chronisten nicht überliefert.

Der missglückte Maibaumklau

Vor einigen Jahren am 30. April, die Hofstetter Burschen saßen gerade
beim Wirt zusammen, da kam einer der ihren in die Gaststube gestürmt
und erzählte, dass in Bierdorf an einem Hof so viele Autos stehen
würden und dass dort hundertprozentig ein Maibaum bewacht würde.
Sogleich machten sich fünf Hofstetter auf, um die Lage
auszukundschaften. Das Auto ließ man weit genug stehen und zwei von
ihnen schlichen in der Dunkelheit an den verdächtigen Hof. Tatsächlich
in der spärlich beleuchteten Maschinenhalle lag ein schön gerichteter
Baum. Allerdings war eine große Zugmaschine über das gute Stück
gefahren und mit Hilfe der Hydraulik war der Baum vermeintlich
diebstahlsicher festgedrückt. Die Wächter, das merkten unsere
Kundschafter sofort, waren in der anschließenden Milchkammer
versammelt und hatten ganz offensichtlich schon reichlich Gerstensaft
geschluckt. Unsere zwei Spione stellten pragmatisch fest:
Die Wächter sind leicht in die Kammer gesperrt (der Schlüssel steckte
außen an der Milchkammertüre!), der Traktor gestartet, die Hydraulik
gehoben und der Baum geklaut. Doch als die beiden gerade am Traktor
vorbei aus der Maschinenhalle verschwinden wollten, um von
Hofstetten den gesamten Klau-Trupp zu holen, flog die Tür der
Milchkammer auf und zwei Bierdorfer Burschen traten in die Halle.
Unsere zwei Kundschafter konnten sich gerade noch unter dem Traktor
verstecken, bevor die Wächter den Baum abtorkelten, um nach dem
Rechten zu sehen. Just am Traktor blieb einer der Angeheiterten
stehen, öffnete seinen Hosenstall und erleichterte sich mit vollem Strahl
zwischen die Räder der Zugmaschine. Danach verschwand er wieder in
die Milchkammer.

Die beiden Hofstetter Burschen, einer triefend nass, der andere auch nicht mehr ganz trocken, machten sich wutschnaubend auf den Weg zum Auto und nach Hofstetten zurück mit dem festen Vorsatz, nicht wieder nach Bierdorf zurückzukehren.

Der Bierdorfer Maibaum wurde in derselben Nacht gestohlen - von den Burschen aus Dießen.

`s Haisl*

Eines Morgens musste die Sephi (Josepha) Futter holen. Sie fuhr mit
dem Bulldog und dem Wagen ins „Garterl" und lud auf bis über die
Leitern des Wagens.
Als sie im Hof rückwärts zum Stall fuhr, tat es einen fürchterlichen
Schlag.
Zwischen Birnbaum und dem „Häusl" war ein kräftiger Strick als
Wäscheleine gespannt und das hatte die Sephi ganz vergessen.
Mit viel Krawall war nun das „Häusl" eingestürzt, auf dem kurz vorher
die Mutter noch gesessen war.
Nachdem sich die Sephi und die Mutter vom Schreck erholt hatten,
richteten sie das „Häusl" über der Grube wieder auf. Nur ein paar
Dachziegel waren zu Bruch gegangen, sonst war alles heil geblieben.
Als der Vater aber doch schimpfte wie ein Rohrspatz, sagte die Sephi
nur: „Was willscht denn? Des Fuada isch doch do!"**

*Das Toilettenhäuschen auf einem Bauernhof
**Warum regst du dich auf? Das Futter ist doch da!"

Die Lausbuben von Hagenheim

Das Gut Memming hatte eine eigene Wasserversorgung. Dafür verlegte der Gutsverwalter Alois Schöner von der Quelle im Thaininger Wald eine Leitung nach Memming, die von einer Widderpumpe betrieben wurde.

Die Buben aus den umliegenden Ortschaften spielten gerne im Thaininger Wald und das taktende Geräusch der Widderpumpe zog sie magisch an. Schnell bekamen sie heraus, dass sie den Hub der Pumpe leicht außer Betrieb setzen konnten, indem sie einen Ziegelstein auf das Stoßventil legten. Der Widder hörte auf zu arbeiten, das Quellwasser überflutete ihn und das Wasser lief statt in der Leitung nach Memming den Bach hinab Richtung Schlöglhof.

Natürlich machte sich der Schöner Alois sofort auf den Weg, den Widder wieder in Gang zu setzen. Verärgert musste er feststellen, dass Saboteure am Werk waren. Wie zu erwarten, blieb es nicht bei diesem einen Mal. Immer wieder, wenn die Buben im Wald spielten, kam es zu eklatantem Wassermangel in Memming mit der Folge, dass der Schöner Alois mit seinen Knechten die Lausbuben jagte. Erfolglos!

Wer die Lausbuben waren, wissen nur die Buben selbst, von denen die meisten heute noch unter uns leben.

`s Hutsch'nbrettl

Meine Tochter Luisa sollte zu ihrem sechsten Geburtstag am 8.Oktober 1997 eine Schaukel bekommen. In Gedanken, keine Kinderschaukel für ein paar Jahre, sondern eine Schaukel fürs Leben zu schenken, machte ich mich auf den Weg zum Schmied von Hagenheim, dem Ludwig Ernst. Ob er mir denn eine Schaukel zwischen Giebelwand und Gartenzaun fertigen könne, die auch für Erwachsene geeignet sei?

„Kon i mocha!", meinte er in seinem niederbayerischen Dialekt.

Ob er es denn bis zum 8. Oktober schaffe?

„Kon i mocha!", wiederholte er.

Und tatsächlich, am 7. Oktober 1997 stand die Schaukel aus alten Wasserleitungsrohren geschweißt auf einer Seite in zwei Fundamente eingelassen, auf der anderen Seite mit einer Metallplatte an der Giebelseite des Hauses befestigt.

„Host du scho a Hutsch'nbrettl?", fragte mich der Schmied.

„Ich schreiner mir selbst eines!", gab ich zur Antwort.

„I hob da no a Stirnhoiz von am Ochs`n in da Werkstott. Des is mit Leder bezog'n und hot aa zwoa Ring zum festmocha. Des konnst hob`n!"

Da konnte ich nicht „Nein" sagen.

729 Tage später, am 7. Oktober 1999 stand der Ludwig vor meiner Tür und reichte mir ein Kuvert mit der Rechnung für die Schaukel. Ein Tag vor der Verjährung (2 Jahre!). Ich musste grinsen!

„Ich hätt's dir auch gezahlt, wenn du sie noch später gebracht hättest!", sagte ich.

„I woaß!", meinte der Schmied lapidar

Für das Geld laut Rechnung hätte ich in keinem Spielwarengeschäft oder Baumarkt eine Kinderschaukel bekommen. Die Schaukel erfreut sich noch heute großer Beliebtheit bei Jung und Alt. Einen Preis für das Hutsch'nbrettl suchte ich vergeblich auf der Rechnung.

Fast ins Gras gebissen

In den 50er Jahren des letzten Jahrhunderts gab es im Weiler Grünsink noch eine Wirtschaft.

Eines Sonntagsabends saßen dort -wie so oft- vier Schafkopfbrüder zusammen um Karten zu klopfen.

Dabei frönten sie auch dem exzellenten Bier vom Waitzinger-Bräu. Als der Abend fortgeschritten war und eigentlich der Weg nach Hause angesagt war, fühlte sich einer der Kartenspieler nicht mehr in der Lage, die zwei Kilometer nach Hofstetten heim zu laufen. Noch dazu, da es ein kalter Winterabend war.

Kurz entschlossen legte er sich auf den Futtertisch des Kuhstalles, der auch zur Wirtschaft gehörte. Wie er es von zu Hause gewohnt war, nahm er, bevor er einschlief sein Gebiss heraus und legte es neben sich; aus Ermangelung eines Nachtkästchens eben nur auf den Futtertisch.

Am nächsten Morgen, als der junge Bauer den Kühen Heu auflegen wollte, sah er den Kartenbruder auf den Knien über den Futtertisch kriechen, offensichtlich auf der Suche nach etwas. Auf seine Frage, was er den suche, antwortete der Kartenbruder, er suche sein Gebiss. Auch gemeinsam konnte man es nicht mehr finden.

„Macht nichts!", meinte der späte Gast, „Ich habe noch ein Ersatzgebiss zu Hause."

Sechs Monate später war der Jungbauer auf der Wiese draußen, um nach dem Mistfahren diesen auf der Wiese zu verteilen. Plötzlich klapperte etwas sehr laut an seiner Mistgabel. Und siehe da, er hatte das Gebiss zwischen den Gabelzinken. Er betrachtete es und stellte fest, der Mistbreiter hatte nur einen Zahn ausgeschlagen.

Er brachte es dem Besitzer zurück. Dem fiel auf, dass zwar ein Zahn fehlte, aber ansonsten das Gebiss noch völlig in Ordnung war. Er hielt es unter den Wasserhahn und steckte es sofort wieder in den Mund. Es passte noch wie angegossen und leistete noch lange Jahre gute Dienste.

Die Katz mit dem brennenden Schwanz

(oder das Ende der Hungermühle)

Am 9. Juli 1934 ging die Hungermühle in Flammen auf.
Ein Unglück?
Ein Unfall?
Unvorsichtigkeit?
Was mag der Grund für das lodernde Feuer gewesen sein?
Eine Katz mit einem brennenden Schwanz habe man gesehen! Sag´n d´
Leit´!
In den Stall sei sie gelaufen, pfeilgrad! Sag´n d´ Leit´!
Woher hatte die Katz das Feuer?
Welch Schicksalshand führte das arme Tier ins Heu?
Welch grausame Feuersbrunst?
Welch schrecklich Los für den Besitzer?
So traurig sei der nicht gewesen! Des sag´n d´ Leit´ aa!
Zwei Buben seien um fünfzig Reichsmark reicher gewesen −nach dem
Feuer.
Das sag´n ned bloß d´Leit´…
-die Buben von damals erzählen heute auch die Geschichte von „der
Katz mit dem brennenden Schwanz".

Aber ganz ehrlich: Was G´wiss woaß ma ned und was G´wiss will ma aa
gar ned wissen.

Ins Knie geschossen!

Es war ein regennasser Tag im Oktober 1997 als sich der Hofstetter Zimmermannsmeister Florian Sanktjohanser im wahrsten Sinne des Wortes „ins Knie geschossen" hatte.

Was war geschehen: Die Arbeit auf dem Dach sollte wegen Regen beendet werden, als Florian, den Nagelschussapparat in der Hand auf dem Dach ausrutschte und sich einen 12 cm langen Nagel ins Knie schoss. Es schmerzte nicht, es blutete nicht und erst beim nächsten Schritt merkte er, dass nichts mehr ging für ihn -hier oben auf dem Dach. Der Notarzt kam und mit einer Gerüstplatte als Trage wurde Florian mit dem Kran vom Dach gehievt.

Im Krankenhaus standen die Ärzte ratlos vor dem Problem, wie man einen 12 cm langen Nagel aus dem Knie und Unterschenkel entfernen sollte, ohne mehr Schaden anzurichten, als bisher diagnostiziert wurde.

Da sprang Florian ein: Lediglich örtlich betäubt, wies Florian die Ärzte mit dem Fachwissen eines Zimmermanns an, den Nagel mittels desinfiziertem Handwerksgerätes des Klinik-Hausmeisters wie Nageleisen, Unterleghölzer und Beißzange kerzengerade aus seinem Bein zu entfernen. Dies gelang und Florian stand ohne eine größere Verletzung bereits vier Wochen später wieder auf dem Dach.

Das Angebot der Ärzte, doch seinen Beruf an den gerade entfernten Nagel zu hängen und sich ihnen anzuschließen, schlug Florian aus. Das Angebot zumindest Fortbildungskurse zur Nagelentfernung zu geben, schlugen die Ärzte aus, als sie die Honorarwünsche vom Florian hörten.

2. Das Dorf, das Bier und andere geistreichen Getränke

Wer sich mit einem Oberbayerischen Dorf beschäftigt, hat natürlich, wenn man von Getränken spricht, sofort das Bier im Sinn. Kein Wunder, ist doch der größte Werbeträger für die Gegend um die Landeshauptstadt München das Oktoberfest. Dieses ist auch das erfolgreichste Magnet für Besucher, die dann aber irrtümlich der Meinung sind, sie würden nach einem Oktoberfestbesuch den echten Oberbayern kennen, den sie hinter einem sehr teuren und schlecht eingefüllten Maßkrug verortet wissen wollen.

Was für ein Trugschluss!

Welch wundersame Geschichten hinter dem bayerischen Grundnahrungsmittel mit der weltweit ältesten -bis heute gültigen- lebensmittelrechtlichen Bestimmung zum Vorschein kommen können, lässt sich mit der nun folgenden kleinen Auswahl nur erahnen.

Genießen Sie ein paar etwas andere, aber wahre Geschichten rund um das bayerische Bier in vollen Zügen!

Mahnbescheide für die Sechs vom Fünferbier

In Deutschland gibt es für alles Gesetze und Regeln. Das gilt auch fürs Bierbrauen und damit ist nicht nur das „Bayerische Reinheitsgebot von 1516" gemeint.

Das Sudhäusl „Hofstetter 5er Bier" hält sich selbstverständlich strikt an das Reinheitsgebot und verwendet für seine Biere nur feinste Bio-Gerste, erlesenen Bio-Hopfen und reinstes entkalktes Hofstetter Bio-Wasser. Aber allein mit diesem Gesetz ist es nicht getan. Bier darf man privat nur bis zu 200 Liter im Jahr unverzollt brauen. Eine Menge, die den sechs Bierbrauer Freunden aus Hofstetten aber nicht reicht. („Für jeden grad moi oa Hoibe pro Wochn!"*) Also wandten sich die Sechs vom Fünferbier an das zuständige Zollamt in Rosenheim. Dort kannte man aber bisher nur die privaten 200 l-Brauer und kommerzielle Brauereien. Sechs „Fünfer-Bier-trinkende-Familien" wie in Hofstetten, die für keinen Tropfen ihres Gerstensafts Geld verlangen, hatte der bearbeitende Zollbeamte nicht auf dem Schirm und wies die Hofstetter Bierbrauer an, jedes halbe Jahr beim Zoll zu melden, wie viel Liter über die zollfreien 200 l hinaus gebraut wurden. Da es für nicht-kommerzielle Brauer keine Vorauszahlungen gibt, der Zoll auch keine Rechnungen ausstellt, erhalten die Hofstetter Brauer nun jedes Jahr zwei Mahnbescheide vom Deutschen Zoll. Immerhin sind diese gebührenfrei und die 35 € Steuern pro Jahr sind den sechs Freunden ihr selbstgebrautes 5er-Bier allemal wert.

„Für jeden gerade mal ein halber Liter pro Woche"

Die wundersame Biervermehrung

Der Stangl Ferdl war noch ein Bub, als ihn sein Großvater das erste Mal zum Wirt schickte, um Bier zu holen. Mit seinem Zwei-Liter-Krug machte er sich auf den Weg. Dem Bub wurde das Bier gut eingeschenkt, zwei Liter genau auf den Strich. Der Ferdl brachte das Bier auch ohne zu verschütten nach Hause, wurde dafür gelobt und von nun an gehörte das Bierholen zu seinen täglichen Pflichten. Verschüttet hatte er keinen Tropfen dieses kostbaren Getränks, aber eines Tages konnte er dem hopfigen Geruch, der dem Krug entstieg, nicht mehr widerstehen und kostete einen kleinen Schluck von dem herben Gebräu.

Und siehe da, es schmeckte! Aber oh Schreck, der Eichstrich war nun sehr deutlich zu sehen und der Großvater würde sofort feststellen, dass zu wenig Bier im Krug war und dem Ferdl wohl mächtig die Leviten lesen. Was tun? In seiner Not fiel dem Ferdl der Pfarrer ein, der in der Kirche die Geschichte vom Herrn Jesus erzählte, der Wasser in Wein verwandelte.

Vielleicht würde das beim Bier auch irgendwie funktionieren.

Verstohlen machte sich der Bub an den Wasserhahn in der Milchkammer heran und füllte den Krug wieder bis zum Strich.

Aufgeregt und ängstlich wartete er neben dem Großvater, bis der einen kräftigen Zug aus dem Krug genommen hatte.

„Gut kühl ist das Bier heut', Ferdl", stellte der Großvater fest, aber davon, dass mehr Wasser als sonst im Bier war, merkte weder der Großvater, noch später der Vater etwas. Und das blieb auch viele Jahre so, obwohl der Ferdl älter, die Wegzehrung immer größer und das Bier immer kühler wurde.

Ferdls Sohn musste übrigens nie zum Wirt gehen, auch nicht sein Enkel. Das machte der Ferdl bis ins hohe Alter lieber selber. Denn er bevorzugte nach wie vor das unverwandelte reine Bier, das ihm als Bub aus Großvaters Krug so wunderbar geschmeckt hatte.

Das Eisrecht

Dort, wo heute in Hofstetten der neue Kindergarten steht, war früher das „Wiesle", ein kleiner Weiher, der selbst noch unserem Altbürgermeister Otto Sanktjohanser zum Baden in der Lederhos´n einlud. Dieser Weiher war mit einem besonderen Recht belegt, dem Eisrecht.

Die beiden Wirte aus dem oberen Dorf, der Salger und der Hipp durften dort im Winter für ihre Bierkeller Eis stechen. Der Salgerwirt hatte das Recht auf den ersten Stich, der Hipp auf den zweiten.

Für viele kräftige junge Männer aus Hofstetten war der Eisstichtag ein ganz besonderer. Mit Pferde- und Ochsenschlitten zogen sie zum Wiesle, stachen nach genauer Anweisung vom Wirt das Eis in Quader, wuchteten die großen Blöcke auf die Schlitten und transportierten sie in die Bierkeller der Wirtshäuser.

Die fleißigen Helfer wurden für ihre Mühen mit einer kräftigen Brotzeit und mit gehörig viel Freibier belohnt.

Die Arbeit lohnte sich freilich ein zweites Mal im Sommer, denn das Eis hielt sich sehr lange in den dunklen kalten Bierkellern und so bekamen die durstigen Männer bei sommerlicher Hitze beim Wirt immer ein gut gekühltes Bier.

Übrigens: Der Käserwirt vom Unterdorf musste im „Grüable" sein Eis stechen. Meist ohne große Hilfe! Siehe dazu die Geschichte: „Die Grüable-Wette".

Beim Wirt in der Sink

Der Hofstettener Ortsteil Grünsink hatte bis April 1963 eine bekannte Gaststätte, die auch gerne von den Hofstetter Mannsbildern besucht wurde.

Als in der Nähe von Weilheim eine Eisenbahnbrücke gebaut wurde, mussten auch zwei Mitarbeiter einer Hofstetter Baufirma dort arbeiten. Eines Montags in der Früh, die beiden waren gerade auf dem Weg Richtung Weilheim, beschlossen sie, sich beim Sinker Wirt noch zu stärken. Dort angekommen, verwehrte der Wirt den beiden ihren Wunsch und erklärte, Flaschenbier habe er keines und das Fass sei am Sonntagabend geleert worden. Wegen zwei Maß Bier sei er nicht bereit ein neues Fass anzustechen. Die beiden Handwerker wollten aber nicht unverrichteter Dinge von dannen ziehen und hatten sich ihr Bier so eingebildet, dass sie den Wirt beknieten, ihnen doch Bier auszuschenken. Der Wirt weigerte sich noch einige Zeit, doch als die beiden versprachen, es würde sich für den Wirt sicher lohnen, ein neues Fass anzustechen, denn sie hätten einen solchen Durst, dass es sicher nicht bei einer Maß bleiben würde, da wurde der Wirt weich, rollte ein neues Fass in die Stube und stach es an.

Die beiden Hofstetter Maurer setzten ihren Weg nach Weilheim am Mittwoch fort.

35

Die Grüable-Wette

Im „Grüable" ist von jeher das Dorfwasser zusammengelaufen. Nicht nur Abwässer von der Molkerei, auch die Essensreste vom Wirt, die Seifenlauge von der Marie und das Putzwasser vom Schorschl endeten zumeist im Grüable. Natürlich fand auch manches aus dem Herzlhäusl seinen Weg dorthin und konnte dort bewundert und berochen werden. Am Stammtisch kam es zwischen dem Jäcke Otto und dem Riedl Toni zu der Wette, dass demjenigen von den beiden fünf Maß Bier vom anderen gezahlt werden sollten, der das „Grüable" als erster durchschwommen hätte.

Gesagt! Getan!

Am darauffolgenden Sonntag machten sich die Hofstetter anstatt zum Wirt auf zum „Grüable". Alle im Sonntagsstaat, nur der Otto und der Toni in der Badehose, um sich den Frühschoppen zu erkämpfen. Otto, der ältere, wusste, dass er im Nachteil war, wollte es aber allen zeigen, was er noch drauf hatte. Das Publikum war in angemessenem Abstand aufgestellt, das Startkommando erfolgt.

Verwundert stellte Otto fest, dass sein Hechtsprung ihn offensichtlich weit nach vorne gebracht hatte, denn vor ihm war vom Toni nichts zu sehen. Nun packte ihn der Ehrgeiz endgültig und unter dem Gejohle der Zuschauer ließ er sich zur Höchstleistung anfeuern und kam an der anderen Seite an, ohne dass der Riedl Toni ihn überholt hatte.

Als er sich umdrehte, musste er freilich feststellen, dass der Toni gar nicht erst in die braune Brühe gesprungen war und lachend bereit war, dem Otto die fünf Maß zu bezahlen.

Das Kaiserschmarrn-Bier

Samstag, 23.Juli 1955:
Im Festzelt des 33. Lechgau Trachtenfestes ist der Heimatabend in
vollem Gange, während sich am Himmel über Hofstetten ein heftiges
Gewitter zusammenbraut. Der Regen prasselt auf das Zelt, der Wind
pfeift durch die Seile, die ersten Blitze zucken und heftiger Donner
übertönt sogar die Blasmusik!
Während die Hofstetter Trachtler auf der Bühne gerade den
„Holzhacker-Plattler" aufführen, kommt es zur „Katastrophe":
Stromausfall im Festzelt!
Die Trachtler lassen sich weder von der Dunkelheit, noch vom
erschreckten Aufstöhnen der vielen Zeltbesucher beeindrucken und
ziehen ihren Auftritt weiter unaufgeregt durch. Beim „Brotzeitteil" des
Plattlers jedoch, für den auf einem Spirituskocher Kaiserschmarrn
angerichtet wurde, bricht die Schlitzohrigkeit einiger Trachtenburschen
durch und geschützt von der stromlosen Dunkelheit im Zelt, werfen sie
den Kaiserschmarrn in das nichtsahnende Publikum. Die schlitzohrigen
Missetäter bleiben der Dunkelheit wegen unentdeckt, doch so mancher
Zeltbesucher findet nach der Lichtwiederkehr seltsame
Schwimmobjekte in seinem Maßkrug!

Eine verführerische Nachspeise

Im Juni sind es die Erdbeeren, die ich als erstes zusammen mit gehörig viel Zucker in Rum einlege. Anfang Juli folgen die Kirschen, dann die Johannisbeeren und nach und nach alle Früchte des Gartens. Als letztes kommen im Oktober die Äpfel und die Birnen in kleine Stücke geschnitten in den Rumtopf. Inzwischen sorgt eine zweite Flasche Rum dafür, dass alle Früchte gut getränkt im Alkohol schwimmen.

Es ist Tradition, dass der Rumtopf am ersten Adventswochenende geöffnet wird und nach einem herzhaften Essen pur als Nachspeise gereicht wird. Vor vielen Jahren hatte ich meine Tiroler Freundin Gabi zu diesem Essen eingeladen. Die Nachspeise hatte es ihr besonders angetan und sie bat nachdem ihre Schale leer war um Nachschlag. Ungläubig fragte ich: „Wirklich?" Sie nickte begeistert. Eine viertel Stunde später kippte sie mitten in ihrer Erzählung auf der Couch nach hinten um und fiel in einen tiefen Schlaf. Sie verbrachte die ganze Nacht selig träumend auf der Wohnzimmercouch.

Seit jenem Jahr freuen sich Gabi und ihre Mutter Gerda aus Tirol jedes Jahr auf ein Rumtopfpäckchen aus Hofstetten.

Ein tropfender Hahn

In den Jahren nach dem Krieg war das Angebot an Lebensmitteln nicht so üppig wie heutzutage. Auch in unseren Dörfern war ein großer Garten mit Gemüse und Obst eine wertvolle Quelle für einen gedeckten Tisch. Beim Probst in der Landsberger Straße kam Kraut, Karotten und Kohlrabi aus dem eigenen Garten oft statt Fleisch auf den Mittagtisch ebenso, wie der selbst gemachte Apfelmost statt Wein kredenzt wurde. Der jugendliche Toni wusste natürlich vom Fass mit dem köstlichen Apfelmost im Keller und stattete diesem mit seinem Spezl regelmäßige Besuche ab.

Als eines Tages überraschend Besuch kam, schickte der Vater den Toni in den Keller, um einen Krug Apfelmost zu holen.

Den Entsetzten spielend kam der Toni in die Stube zurück, um dem Vater und seinem Besucher zu berichten, dass wohl der letzte, der Apfelmost geholt hat, den Hahn nicht richtig abgedreht hat, so dass der ganze feine Apfelmost auf den unbefestigten Boden des Kellers lief und im Erdreich versickerte. Um seiner Geschichte den glaubwürdigen Beweis zu liefern, vergoss der Toni unter dem Apfelmostfass einen Eimer Wasser. So zeugte der feuchte und dunklere Kellerboden von der Wahrhaftigkeit von Tonis Geschichte.

Nur sein Spezl wusste, dass der Apfelmost nicht im Kellerboden, sondern in zwei jugendlichen Bäuchen versickert war und erzählte später, welch ein Spitzbub der spätere Bürgermeister von Hofstetten in seiner Jugend war.

Vorrat für eine besonders lange „Durststrecke"!

(oder ein wirkungsvolles Heißgetränk!)

Dieses besondere Hagenheimer Getränk sollte in dieser Menge nicht für eine einzelne Person angerichtet werden!

On the handwritten recipe card:

Jägertee

1 ℓ Rotwein
1 ℓ schwarzen Tee
1 ℓ Orangensaft
1 ℓ Obstler
1 Zitrone 1 Orange auspressen
30 Nelken 2 Zimtstangen
500 g. Zucker

Alle Zutaten erhitzen,
aber nicht kochen
sonst wird er bitter.

Schmeckt am besten
im freien, z.B. an der
Schneebar.

Zeller Alois

324

Rezept aus dem
„Hagenheimer Rezeptebuch"

3. Das Jahr und seine Feste

Eigentlich ist für den Leser unter dieser Überschrift nichts Besonderes zu erwarten, denn schließlich ist Weihnachten und Ostern ja überall. Was gibt es also da zu berichten, was nicht auch woanders an diesen Tagen stattfindet.

Und doch gibt es die eine oder andere Feiertagstradition, die man eben doch nur in unserer Gegend hier kennt. Und wie es bei solchen ritualisierten Traditionen üblich ist, kann auch mal etwas gründlich daneben gehen. Was in diesem Moment für die Protagonisten äußerst peinlich ist, löst bereits ein Jahr später als köstlich erzählte Geschichte bei allen nur noch Heiterkeit aus. Was in der Geschichte vom „missglückten Maibaumklau" im ersten Kapitel ja bereits eindrücklich nachgewiesen wurde.

Erfahren Sie nun etwas mehr von den Traditionen in unserer Gemeinde und von den Missgeschicken, die sich im Zusammenhang mit diesen zugetragen haben.

Die Erstkommunionskraxler

Dort, wo heute das Kriegerdenkmal in Hofstetten steht, stand in den dreißiger Jahren des vorigen Jahrhunderts eine alte, baufällige Schmiede. Der Schmied hatte seinen Betrieb eingestellt und das alte Gebäude war wohl der „Schandfleck" in Hofstetten. Das Grundstück war im Besitz eines anderen Schmiedes, dem Hirschauerschmied aus der Weiherstraße. Dieser hatte durchaus noch die Sorge, dorthin wieder einen Konkurrenten vor die Nase gesetzt zu bekommen.

In der Georginacht 1938, die auch die Freinacht war (damals war die Freinacht immer nach dem 23. April, dem Georgstag) und die diesmal auf einen Samstag fiel, lösten einige junge Burschen aus Hofstetten die Schrauben der Schlaudern und ließen das Gebäude mit etwas Nachdruck zusammenfallen.

Steine, Ziegel und Holz türmten sich unmittelbar vor dem Friedhofstor der Kirche auf. Die morgendlichen Kirchgänger kraxelten am Sonntag, an dem diesmal auch die Erstkommunion stattfand, unüberhörbar grantelnd, mit ihrem Festtagsg'wand und den feingeputzten Schuhen über den staubigen Geröllberg, um zum feierlichen Hochamt zu gelangen.

Nur vom Hirschauer sagt man, sei an diesem Sonntag ein Lächeln und ein Dankgebet aus der Hofstetter Kirche dem Himmel zugeschwebt.

Gezeichnet von Katharina Berchtold

Omas leckeres Osterlamm!

Wenn Fanny und Luzie irgendwann einmal ihren Enkeln Geschichten aus ihrer Kindheit erzählen, dann werden sie sich erinnern, immer in der Karwoche bei der Oma Osterlämmer gebacken zu haben. Vielleicht finden sie auf einer alten Datei ihres Taschencomputers dann auch noch den eingescannten Zettel mit Omas Rezept von damals. Mit viel Glück können sie die Zutaten auch noch in einem der wenigen noch existierenden Supermärkten kaufen, finden auf dem Dachboden noch eine der alten Backformen aus Omas Nachlass und backen dann ihrerseits mit ihren Enkelinnen Osterlämmer nach uraltem traditionellem Rezept. Ob sich die beiden dann aber noch daran erinnern werden, dass sie zwei Jahre wegen einer Pandemie am Ostersonntag ihr Körbchen nicht zur Speiseweihe in die Kirche tragen durften, wagt der Chronist zu bezweifeln.

Für zwei Osterlämmer:

180 gr. Zucker
160 gr. Mehl
3 kleine Eier
60 gr. Rama
1 Messerspitze Backpulver
1 Tüte Vanillezucker

Zucker und Eier gut schaumig rühren, Mehl und Backpulver zugeben, flüssige Rama unterrühren. In die bemehlten Lammformen füllen.
Bei 160° ca. 20 bis 25 Minuten backen.

`s Hofstetter Eierrollen

Am Karsamstag-Nachmittag bei schönem Wetter treffen sich die Kinder und Jugendlichen auf einem der Spielplätze von Hofstetten. Im Gepäck haben sie einige buntgefärbte Ostereier und zwanzig einzelne Cent-Stücke (bis 2001 waren es Pfennigstücke!). Der Trachtenverein hat bereits Eierrollrampen in verschiedenen Größen auf dem Spielplatz aufgestellt. Hinter jeder dieser Rampen versammeln sich fünf bis sieben Teilnehmer. Der erste Wettkämpfer lässt dann eines seiner mitgebrachten Eier die Rampe runterrollen und dreht dann das im Gras liegende Ei mit der Spitze zur Rampe. Die anderen folgen einer nach dem anderen in der gleichen Weise. Gelingt es einem mit seinem Ei das eines oder mehreren anderen dabei zu treffen, so gibt der, dessen Ei getroffen wurde, dem der das Ei getroffen hat, einen Cent.
Das wird solange wiederholt, solange die Kinder Spaß daran haben oder alle Eier von zu vielen Karambolagen gezeichnet, geschält und gegessen werden müssen.
Abschluss des Nachmittages ist der klassische Eierlauf um den gesamten Spielplatz herum.

P.S. Das Ostereierrollen ist eigentlich ein alter schottischer Brauch, der an das Wegrollen des Steines vor dem Grab Jesu erinnern soll.

Nach dem Ostereierrollen von Hofstetten am Karsamstag findet jedes Jahr am Ostermontag ein von Präsident Rutherford B. Hayes 1878 ins Leben gerufenes Eierrollen im Garten des Weißen Hauses in Washington statt.

Warum in Hofstetten im Jahr 1931 alle in den Himmel gekommen sind!

Wie auf der alten Missions-Kreuz-Tafel zu lesen ist, sorgten im März 1931 einige Kapuziner Patres dafür, dass alle braven Hofstetter „...*von allen Sünden und Übertretungen, so schwer und außerordentlich sie immer sein sollten...*" losgesprochen wurden.

Die Patres beriefen sich dabei auf das Apostolische Sendschreiben Magni faustique von Papst Pius X vom 8. März 1913, nach dem alle Gläubigen von ihren Sünden befreit werden, wenn sie „...*Gebete zu Gott richten und einmal innerhalb dieses Zeitraumes, nachdem sie die Verzeihung ihrer Sünden in der richtigen Ordnung erlangt, sich mit dem Gnadenmahl der Heiligen Kommunion gestärkt haben und überdies nach Maßgabe ihres Vermögens ein Almosen an die Armen oder, wenn sie es vorziehen, zu frommen Zwecken geben....*" und „...*Denjenigen aber, welche nicht in die Stadt Rom reisen können, bewilligen Wir denselben Vollkommenen Ablass, sofern sie die Kirche oder die Kirchen ihres Wohnortes.... [also in Hofstetten!] ...im gleichen Zeitraum sechs Mal besuchen und die andern guten Werke, die Wir oben genannt haben, vollständig verrichten.....*".

Missions-Kreuz

zum Andenken an die heilige Mission
in Hofstetten

abgehalten die P.P. Kapuziner vom 8. bis 15. März 1931

Vollkomener Ablass kann gewonen werden:

1. am Tage der Aufstellung u. Weihe des Missionskreuzes
2. " Jahrestag der Weihe des Kreuzes (15. März);
3. " Feste der Kreuzauffindung   (3. Mai);
4. " Feste Kreuzerhöhung   (14. September)

oder an einem der folgenden 7 Tage

Bedingungen: Ein Vaterunser, Ave Maria und Ehre sei dem Vater (Pius X. 13. August 1913.)

Unvollkomener Ablass von 5 Jahren u. 5 Quadragenen kan gewonen werden einmal im Tage.

Bedingungen: Ein Vaterunser, Ave Maria u. Ehre sei dem Vater. (Pius X., 13. August 1913.)

═ oOo ═

49

Von 1984-2008 hieß der Bürgermeister in Hofstetten:
Otto Sanktjohanser

Ein griechischer Maibaum?

„,. und erhalte dir die Farben deines Himmels Weiß und Blau."
(aus dem „Lied der Bayern")
Weiß und Blau, wie der Himmel über Bayern, so sind auch die
Farben Bayerns Weiß und Blau.
Dies gilt für ganz Bayern! Für ganz Bayern?
Nein! Nicht für ganz Bayern!
Ein kleiner Ort zwischen Lech und Ammersee namens Hofstetten
wehrt sich schon seit Jahrzehnten tapfer gegen dieses
Farbeneinerlei. Deshalb hat Hofstetten seinen Maibaum nicht
weiß-blau, sondern blau-weiß gestrichen (siehe auch notabene).

Blau-weiß sind eigentlich die Farben Griechenlands. Wie kam nun
Griechenland zu diesen Farben? Nun ja, dort regierte von 1832 bis
1862 ein bayerischer König, der auf seine bayerischen Farben
nicht verzichten wollte und sie deshalb in umgekehrter
Reihenfolge zu den Farben seines Reiches machte.
Dieser bayerische König hieß „Otto I."
Die kleine bayerische Gemeinde Hofstetten hat seit fast zwei
Jahrzehnten auch ein Gemeindeoberhaupt namens Otto.
So ist es nicht allzu abwegig, wenn sich die geschichtsbewussten
Hofstetter für ihren Maibaum die griechischen Farben ausgesucht
haben.

Denn schließlich kommt auch der Radi aus Ägypten, das Bier von
den Sumerern, der Biergarten-Kastanienbaum aus China, das
Hackbrett von den Arabern und die Brez'n von den Schwaben.
Wieso sollen dann die Farben des Hofstetter Maibaumes nicht
aus Griechenland kommen?

Notabene: Die Farben einer Fahne liest man von rechts nach links, die Farben einer Flagge von oben nach unten.

Ein Maibaum für Grünsink

Im April 1987 drängten die Grünsinker Kinder und Jugendlichen die Männer auf dem Hipp-Hof in Grünsink einen eigenen Maibaum aufzustellen. Die Beharrlichkeit der jungen Leute verwandelte das erste lächelnde Kopfschütteln in ideenreiche Betriebsamkeit. Tatsächlich war am 1. Mai 1987 alles für den ersten Maibaum in Grünsink angerichtet. Der fertig geschmückte Baum lag zum Aufstellen bereit und es kamen alle dreißig Bewohner von Grünsink zusammen, um bei diesem Ereignis mitzuhelfen und es auch gebührend zu feiern. Dass sie mit diesem Fest nicht nur den ersten Maibaum gefeiert haben, sondern zugleich auch den 100. Geburtstag ihres Weilers, haben die Grünsinker erst fast 35 Jahre später festgestellt.

Die kleinen Geister in der Novembernacht

Am „Vorabend von Allerheiligen" (All Hallows Eve) sind seit Anfang der
90er Jahre auch in unserem Dorf verkleidete kleine Geister und
Gespenster unterwegs, die an Türen klopfen und mit Liedern und
Gedichten um Süßes bitten.
Ursprung dieser jahrhundertalten Tradition ist das tief katholische
Irland. Von dort aus ging dieser Brauch um die Welt, der auf dem
Glauben beruht, dass die Verstorbenen in der Nacht zum 1. November
in ihren Häusern nach dem Rechten sehen.
Den kleinen verkleideten Kindergeistern signalisiert die brennende
Kerze im Kürbiskopf, dass hinter der Haustüre Süßes wartet.

Ein Gedicht von „Hofstetter Geistern":

Es weht und stürmt vor eurem Tor,
denn Geister kommen heut `hervor.
Auch Hexe, Troll und Ungetüm
erschrecken euch an Halloween.

Wir lassen uns auch nicht vertreiben
und werden hier für immer bleiben,
doch stellt ihr süße Sachen hin,
verschwinden wir nach Halloween.

Wia ma z Hofstedda zum Buam kummt
oder: wia da Bua a Madl dawischt!*

Jedes Jahr können sich zum Kirchweihsonntag unverheiratete Burschen und Mädel beim „Ruatabua"* in Hofstetten zum „Betteltanz" melden. Um 13 Uhr beim Käserwirt erfährt dann jeder, wen der „Ruatabua" für einen ausgesucht und somit zumindest für einen Tag zum Pärchen erklärt hat.

Unter der Federführung von Albert Drexl lebte dieser alte Brauch nach dem Krieg in Hofstetten wieder auf, mit dem sich die Mädel bei den Burschen dafür revanchieren, dass sie das ganze Jahr freigehalten werden, wenn sie zusammen ausgehen. Beim Betteltanz zahlen nämlich die Mädel den ganzen Tag für ihre Burschen. Dafür, herrscht aber auf dem Tanzboden beim Hipp auch den ganzen Tag „Damenwahl".

Nur die „Pfrientler"*, das sind die Burschen, die bei der „Mädelverteilung" leer ausgegangen sind, dürfen die „Damenwahl" durchbrechen und sich an allen Mädchen gütlich halten....., aber nur beim Tanzen!

*Wie man in Hofstetten zu einem jungen Mann kommt
oder wie ein junger Mann zu einem hübschen Mädchen kommt.
*Der Rutenjunge = der Organisator des Betteltanzes
*ein alleinstehender junger Mann, der keine Freundin hat

Der „Pfrientler" im Jahr 2011

Die Knöpflesnacht in Hagenheim

Das Knöpfles-Singen im Advent ist eigentlich ein alter Brauch im Lechrain. In Hagenheim war dieser Brauch allerdings nicht zuhause. Finis Vater, ein armer Häusler aus dem Schwäbischen, aber kannte diesen Brauch aus seiner Kindheit und forderte seine Kinder, die Fini und den Siegfried auf, in Hagenheim zum Knöpfles-Singen zu gehen. Die beiden Kinder schämten sich, weil es gar so sehr nach „betteln" aussah und sie deshalb auch von anderen Kindern verspottet wurden. Der Vater aber bestand darauf und drohte: „Wenn ihr nicht geht, kommt auch das Christkind nicht!"
So klopften die Fini und der Siegfried immer im Advent an jeder Hagenheimer Hoftüre und sagten ihr Sprüchlein: „Heit is heilige Knöpflesnacht, wer nichts gibt, der ist nicht brav!" und flüsternd fügten sie noch manches Mal dazu: „Den holt der Deifi heit auf d´Nacht!"*
Letztendlich waren sie immer froh doch „Knöpfles-Singen" gegangen zu sein, denn so bekamen die armen Häusler-Kinder in der Adventszeit auch ein paar leckere Lebkuchen, Nüsse, Äpfel und manchmal sogar eine Orange.

Den holt heute Abend noch der Teufel!

Die Hagenheimer Waldweihnacht....

Am Wochenende vor Heiligabend –so ist es Brauch -, machen sich die Hagenheimer auf zur Waldweihnacht. Gemeinsam wandert man mit Fackeln, Laternen und Lampions zur adventlich geschmückten Maibaumvereinshütte, die weit draußen im Wald versteckt liegt. Dort flackert dann schon ein Lagerfeuer, in das die Kinder Kartoffeln und Kastanien legen und über das sie auch ihre Würschtl und ihr Steckerlbrot halten. Es gibt Punsch für die Kinder, Glühwein für die Erwachsenen und dazu selbstgebackene Lebkuchen und Weihnachtsplätzchen. Mit großen Augen lauschen die Kinder am Feuer dem Geschichtenerzähler, der von Weihnachten aus längst vergangenen Tagen und von den Raunächten um die Jahreswende erzählt. Gemeinsam werden Weihnachtslieder gesungen und die Vorfreude auf das Fest ist bei allen zu spüren. Wenn das Feuer runtergebrannt, der Punschtopf leer und das letzte Vanillekipferl verspeist ist, geht es wieder gemeinsam zurück ins Dorf.

Die Weihnachtswand

Als Steffi und Andi Schiegg mit ihrer Tochter Johanna in ihr Haus im Buchgarten einzogen, gab es für das Wohnzimmer noch keine Zimmertüre. Da aber die kleine Johanna am Heiligen Abend das Christkind nicht bei den Weihnachtsvorbereitungen stören sollte, schnitt der Schreinermeister Andi kurzerhand eine Sperrholzplatte zurecht und verbarrikadierte das offene Zimmertürloch.

Der kleinen Johanna gefiel die Holzplatte überhaupt nicht und so ging sie in ihr Zimmer, holte sich ihre Malkreiden und gestaltete –auf die Bescherung wartend- die leere Holzwand mit wunderschönen Weihnachtsbildern.

Als im nächsten Jahr – Johanna hatte inzwischen ein Schwesterchen bekommen- immer noch keine Türe zum Wohnzimmer da war, wurde die abgewaschene Sperrholzplatte wieder hervorgeholt und Johanna und Vroni bemalten die Wand am Heiligen Abend aufs Neue.

Bis heute gibt es die Wohnzimmertüre bei den Schieggs nicht und jedes Jahr am 23. Dezember stellt der Andi die immer noch selbe Sperrholzplatte vor das Weihnachtszimmer und die vier Schiegg-Kinder (fast alle heute schon erwachsen!) gestalten die Weihnachtswand mit ihren Kreiden mit neuen Weihnachtsmotiven, während sie auf das Christkind warten.

Eine Wohnzimmertüre wird die Steffi wohl erst dann von ihrem Mann zu Weihnachten bekommen, wenn auch Jakob, der jüngste von den Vieren, eine eigene Familie hat und aus dem Haus sein wird.

‚Maria und Josef mit dem Jesuskind!'
Die Schiegg-Kinder spielen Weihnachten!

Heilig Abend bei Inge und Albert!

„Wir zwei gehen am Nachmittag in die Kindermette, weil da ein Krippenspiel ist und Kinder Weihnachten feiern" erzählt die Inge, „und am Ende wird auch in der Kindermette `Stille Nacht, heilige Nacht´ gesungen."

Der Advent ist schon ein bisschen stressig für den Albert, denn er ist ein gefragter Mann bei vielen Adventsfeiern mit seiner diatonischen Ziach, seiner sonoren Stimme und seinen Geschichten rund um das Weihnachtsfest im Allgäuer Dialekt.

Der Heilige Abend gehört dann aber nur noch der Familie. „Wir sitzen zusammen, singen und jetzt auch „Stille Nacht, heilige Nacht", erzählt nun der Albert, „das Lied singe ich im Advent ungern, das gehört zum Weihnachtsfest!" Die beiden Söhne sind mit ihren Frauen und den drei Enkelkindern da. Inge richtet ein paar belegte Brote her, denn gegessen haben alle schon in der eigenen Familie. Man trinkt Sekt und Orangensaft und dabei wird gesungen und erzählt. Und natürlich gibt es dann auch noch eine Oma-Opa-Bescherung!

Wenn die Jungen sich dann zur Mette aufmachen, bleiben die beiden in der Stube zurück bis die letzte Kerze am Christbaum runtergebrannt ist, denn die `Stille Nacht´ ist Weihnachten für die Inge und den Albert.

Oh Tannenbaum, oh Tannenbaum!

1980 pflanzte die Thekla Seebauer in ihrem Garten eine kleine gelbe Thuja. Das Bäumchen lud zur Adventszeit gerade dazu ein, es mit einer Lichterkette zu schmücken und dem Garten so einen vorweihnachtlichen Glanz zu verleihen.

20 Jahre lang kündigte dieses Bäumchen das Weihnachtsfet am nördlichen Dorfrand von Hofstetten an.Die Familie Seebauer musste hin und wieder eine Lichterkette mehr besorgen, aber ab dem Jahr 2000 brauchte sie auch eine Leiter zum Schmücken. Auch die reichte bald nicht mehr aus.Also rückte der Frontlader aus der Nachbarschaft an, damit auch die oberen Äste mit Lichterkettenkerzen illuminiert werden konnten.

Das „Bäumchen" aber hörte nicht auf zu wachsen und bald reichte auch der Frontladenr nicht mehr, um an den Wipfel hinzureichen und so kümmerten sich die Seebauers um eine professionelle Hebebühne und sorgten auch in den vergangenen Jahren dafür, dass Hofstettens größter Christbaum weiterhin das Weihnachtsfest ankündigte.

Weil aber nicht sicher ist, ob der Baum noch lange als Christbaum wirken kann, erinnerten sich Liesl und Hubert Seebauer an den alten oberbayerisch-schwäbischen Brauch des Christbaumlobens und luden viele Freunde und Bekannte ein, feiertenunter dem beleuchteten Baum ein Fest und sammelten dabei viele Euros, die man dann zugunsten krebskranker Kinder spendete.

Geistlicher Gesang

Das Adventssingen in St.Michael ist ein vorweihnachtliches Muss für viele Hofstetter.

Es war Ende des letzten Jahrhunderts: die beiden Sängerinnen Rosi und Maria waren furchtbar aufgeregt vor ihrem Auftritt bei diesem Adventssingen, denn erstmalig sollten sie als Solisten auftreten. Ernstl, Rosis Mann, wusste gar nicht wie er die beiden nervösen Mädel beruhigen sollte und goss jeder von ihnen schließlich ein großes Glas Kerschgeist ein. Etwas angeheitert steuerten die beiden Sängerinnen nun die Kirche an.

„Wie schön glänzt die Sonn!" sollte das Schwesternpaar vortragen. Als Rosi die vielen Besucher in den Kirchenbänken sah, war nicht nur ihre Nervosität schlagartig weg, sondern auch der Text des Liedes. Kerschgegeistert improvisierte sie kurzentschlossen, womit sie ihre Schwester Maria total aus dem Konzept brachte, so dass diese entmutigt ganz aufgab. Herbert -an der Gitarre- versuchte zwar noch zu retten, was nicht mehr zu retten war. Aber auch er brachte die Sonne nicht mehr zum Glänzen an diesem Abend.

Die Besucher des Hofstetter Adventsingen jedoch bekamen eine kleine Ahnung davon, wie ungefähr der Weihnachtsjodler klingen könnte.

Kathi, Rosi und Maria

4. Tierisches und Landwirtschaftliches

Wenn aus einem oberbayerischen Dorf erzählt wird, noch dazu aus einem Dorf an der westlichen Grenze von Oberbayern und damit in der unmittelbaren Nachbarschaft des Allgäus, dann sind Assoziationen von hellbraunen Milchkühen mit ihrem unwiderstehlich liebeswerten Augenaufschlag auf bunt blühenden Wiesen geradezu zwangsläufig.

Und tatsächlich, nach vielen Jahren kuhloser Weiden und blumenloser Mähwirtschaft, treibt das allgemein erwachende Natur- und Biobewusstsein Kühe wieder auf die Weiden. Das Grün der Wiesen bekommt wieder bunte Blumentupfer, Insekten kehren zurück und damit die Schwalben und andere lang vermisste Vögel. Selbst fast schon vergessene Schmetterlinge tanzen wieder über die Feldraine.

Seit jeher geblieben ist die Arbeit in der Landwirtschaft. So mancher Bauernhof sieht heute fast wie ein industrielles Betriebsgelände aus und so manche Kuh hat sich längst an die Gesellschaft eher nicht gerade bayerisch anmutende Zwei- und Vierbeiner gewöhnt. Denn zu jeder Zeit haben sich die Bauern nach einem Zubrot für ihr Tagesgeschäft umgesehen, einst mit dem Strohflechten, dann mit Funkmasten und -türmen und heute mit exotischen Tieren.

Und dass dabei hinter jeder Hofeinfahrt und jeder Stalltüre der Schalk sitzen kann, ist auch in unserem Dorf nicht zu bestreiten.

Strohflechten
oder als die Landwirtschaft Alternativen brauchte…..

In dem „tiefer im Lande" liegenden Dorf Hofstetten „beschäftigt sich das Volk mit der eigentümlichen Industrie" der Strohflechterei.
„Der karge Ertrag des Bodens hat die Lebenslust" vieler Hofstetter Familien nicht gesichert. Die damit verbundene Armut brachte die Hofstetter bereits im 16. Jahrhundert auf die Idee der Strohflechterei. Schnell wurde man gewahr, dass sich damit nicht schlecht Geld machen ließ.
Die Hofstetter (ein bisschen auch die Finninger) perfektionierten ihre Fertigkeiten so, dass die Waren aus diesen „halbvergessenen Dörfern" nach Franken, nach Sachsen, an den Rhein, ja bis nach Holland verkauft wurden. Selbst in Österreich, das die Einfuhr von Strohflechtwaren verboten hatte, schafften sich die Hofstetter einen florierenden, aber „illegalen Markt".
Anfang des 20.Jahrhunderts war der Hauptabnehmer der Hofstetter Flechtwaren das Münchener Warenhaus Tietz (heute Hertie!).
Mit der Strohflechterei brachten es viele Hofstetter zu solidem Wohlstand. Wohl auch ein bisschen mit Hilfe des Staates, weil der Fiskus lange Zeit nicht die verkaufte Ware, sondern lediglich die Fläche des Getreideanbaus besteuerte.
Quellen: u.a. K. Kraus: 900 Jahre Hofstetten
R. Beck: Unterfinning

Laut meinen Recherchen brachten es gewiefte Hofstetter Strohflechter um 1900 auf bis zu 5.000 Gold Mark pro Jahr durch den Verkauf von geflochtenen Strohzöpfen. Das entspricht heute etwa 50.000 €.

Die letzte Strohflechterin: Anni Pfetterle

Jenseits von Afrika

Wo bisher seit Generationen Kühe auf der Weide zu sehen waren, kann man als Spaziergänger oder Wanderer sich in ein fernes afrikanisches Land versetzt fühlen, wenn man auf seinem Weg den Hofstetter Ortsteil Memming passiert.

Seit einiger Zeit sind es dort nämlich nicht die vierbeinigen Rindviehcher, sondern zweibeinige Straußenvögel, die über die Wiesen laufen und das Gras abweiden.

Wie man sich früher z.B. mit dem Strohflechten eine solidere Grundlage für die Landwirtschaft erarbeitet hatte, hat sich der Wiedemannhof in Memming mit den Straußen ein zweites Standbein für den bäuerlichen Betrieb geschaffen.

Gespannt kann man nun abwarten, welche Tierarten sich künftig noch „Jenseits von Afrika" wohlfühlen werden.

Schwitzen-Frieren-Eifersucht!

Gerade hat der Wanderer die afrikanisch anmutende Welt der Straußenfarm verlassen, verortet er sich kaum einen Kilometer weiter beim Anblick einer stattlichen Alpaka-Herde in den südamerikanischen Anden. Ob Sommer oder Winter, Alpakas sind immer im Freien. So auch die Herde am Hipp-Hof in Grünsink. Das Fell der Tiere sorgt dafür, dass Dustina, Schakira, Ferdinand und Bambi und die vielen anderen der Herde nicht frieren.

Der kleine schwarze Nero war das erste Alpakababy, das in Hofstetten zur Welt gekommen ist. Inzwischen ist die Herde schon auf mehr als zwanzig Tiere gewachsen. Und jeden Sommer werden es ein paar Alpakas mehr.

Bambi und Ferdinand sind von Anfang an ein unzertrennliches Paar. Bambi genießt es, von Ferdinand umworben zu werden. Aber manchmal geht ihr seine Eifersucht auch ziemlich auf den Wecker.

Im Sommer muss die Wolle ab! Während Bambi sich geduldig an den herkömmlichen Fixierseilen aus den Anden festbinden lässt, wohl wissend, dass sie bei der Schur eine angenehme Ganzkörpermassage bekommt, gehätschelt und gestreichelt wird, spielt der eifersüchtige Ferdinand auf der angrenzenden Weide verrückt und glaubt sich seiner großen Liebe beraubt! Wenn ihm da jemand zu nahekommt, bekommt er Ferdinands Eifersucht auch schnell einmal in Form einer warmen Spuckeladung zu spüren.

Geduldig und ruhig lässt sich Bambi währenddessen von ihrer Wolle befreien. Wolle, die zu Mützen, Socken, Pullovern und Handschuhen verarbeitet wird. Aber auch zu Decken, in denen man im Winter nicht friert, aber auch im Sommer nicht schwitzt. Und der Dung der Alpakas hat sich den Ruf eines besonders wachstumsförderndes Bio-Düngemittel für jeden Garten erworben.

Als der Bauer sich das Alpakamädchen nach seiner Scher-Arbeit ansah - er hatte damals das erste Mal geschoren-, meinte er ernsthaft zu seiner Frau: „Ich werd halt doch noch ‚'ne Friseurlehre machen!"

In drei Stunden vom Pfarrwald nach Hofstetten

Im Januar 1942 hatte sich der Winter mit einer Menge Schnee über Hofstetten gelegt.

Dem Eberle Wastl, der mit seiner Mutter den Hof umtrieb, ging das Futter für die Tiere aus, so dass sie zum Stadel am Pfarrwald raus mussten, um Nachschub zu holen. Sie spannten ihre beiden Rösser vor den Heuschlitten und machten sich auf den Weg. (Fahrtstrecke knapp 1,5 km!)

Vom Stadel aus legten die beiden mit Gabeln das Heu auf den Schlitten und zurrten es mit Hilfe des Heubaumes fest

Dann machten sie sich wieder auf den Heimweg. Damals gab es die Betonstraße noch nicht und auch die Wege waren noch nicht so angelegt wie heute. Die beiden mussten über einen Hohlweg hinauf ins Dorf. Plötzlich brach der Schnee unter einer Kufe ein und ehe der Wastl auch nur reagieren konnte, lag der Schlitten mit dem Heu schon auf der Seite. Was der Wastl und seine Mutter nun dachten, hat er uns nicht verraten. Sie spannten die Pferde aus, stellten sie neben dem Weg ab und zogen den Schlitten mit Hilfe von Ketten wieder auf die Kufen. Dann wurden die Tiere wieder eingespannt und die Fahrt sollte fortgesetzt werden. Aber kaum waren sie 50 Meter gefahren, lag der Schlitten schon wieder im Schnee. Also dasselbe noch einmal. Pferde ausspannen, Schlitten aufstellen. Pferde wieder einspannen und los ging es wieder. Diesmal kamen sie 20 Meter weit und nach den nächsten 20 Metern kippte der Schlitten sogar das vierte Mal um. „Zerscht wars a scheens Fuada!"* erinnert sich der Wastl heute noch und dass er wohl drei Stunden vom Pfarrwald bis ins Dorf gebraucht hatte.

Zuerst war es eine schöne Wagenladung voll

Der Wastl auf dem Kutschbock

Eine Matratze aus Hofstetten

Von 1936 bis 1953 wurde beim Salger im Januar Seegras gesponnen. Im Juli gingen einige Hofstetter Frauen und die Salger Kinder in den Schwiftinger Wald, um mit Erlaubnis des Landwirtschaftsamtes dort Seegras zu rupfen. Auf dem Salgeranger wurde es dann gedörrt und im Heustock gelagert. Um es im Winter dann leichter spinnen zu können, wurde das Gras auf der Tenne ausgebreitet. Die Anna, die Vroni und die Dora mussten es dort mit Gießkannen leicht befeuchten, damit es besser über die Spindel lief. Dann kam auch noch der Franz dazu und alle vier Kinder trieben die Maschine an, damit Vater Xaver das Seegras spinnen konnte. Anschließend drehte er das gesponnene Gras zu zwei Meter langen Zöpfen.

Mit weniger wertvollen Seegrasschnüren wurden dann Zentnerbündel gebunden, in einen Lastwagen verladen und dann am Landsberger Bahnhof mit einem Zug in die Matratzenfabrik nach Krefeld geschickt. Die Mama, Maria Salger, bekam auch ein Bündel schöner Seegraszöpfe, denn sie fertigte damit Seegrasschuhe mit Hilfe der Leisten, die sie von ihrem Bruder Jakob, der Schuster war, bekommen hatte. Die Anna trug die Schuhe sehr gerne. Und es gab ja auch jedes Jahr ein paar neue Schuhe.

Natürlich wurden die Kinder für ihre Hilfe auch belohnt. Sie bekamen einen halben Pfennig für jeden Zopf für den sie die Maschine angetrieben haben. Der Franzl hat sich so jedes Jahr gute fünf Mark verdient.

Die Glockenwatsch`n

Früher, als man noch keine Armbanduhren trug und auch die Taschenuhr ihren Platz in der Weste des Sonntagsanzuges hatte und nicht im Arbeitsg'wand, richteten die Bauern ihr Tagwerk nach dem dreimaligen Angelusläuten der Kirchturmuhr.

So war das auch 1935 in Hofstetten. Der Messner hatte dem zehnjährigen Florian in den Sommerferien geheißen, immer um 11 Uhr zum mittäglichen "Engel des Herrn" zu läuten.

Eines Tages waren der Florian und sein Freund Toni, der Sohn des Wagners, intensiv damit beschäftigt, sich Holzsäbel zu schnitzen.

Erschrocken fragte der Florian plötzlich, wie spät es sei. Der Toni blickte kurz auf die Kirchturmuhr und sagte: "Fünf Minuten vor!" Wie ein geölter Blitz rannte der Florian in die Kirche und hängte sich kräftig in die Glockenseile. Die Bauern und die Knechte ließen, verwundert, wie wenig sie an diesem Vormittag geschafft hatten, ihre Erntearbeit liegen und gingen zum Mittagessen ins Dorf. Dort angekommen begannen sie lauthals zu schimpfen, denn der Blick auf die Kirchturmuhr zeigte ihnen, dass es gerade erst 10 Uhr war.

Der Florian hörte an diesem Tag die Glocken innerlich noch einmal läuten, denn der Messner verpasste ihm eine kräftige Watsch'n.

Kugelrund und stachelig!

Große Augen machte die Rosi 1990, als ihr Ernst aus dem Garten ins Haus kam und eine winzige kleine Stachelkugel in der Hand hielt. Ein Igelbaby! Rosi setzte das kleine Kerlchen auf das Sofa und Ernst ging wieder in den Garten. Zwei Minuten später war er wieder im Wohnzimmer und hatte erneut ein kleines stachliges Kerlchen in der Hand. Auch den gesellte Rosi auf das Sofa nicht ahnend, dass ihr Ernst noch fünf weitere Male mit derselben Fracht ins Haus kommen würde. Sieben kleine Igelchen hatten es sich somit auf der Couch bequem gemacht und sahen ihre neue Mama mit hungrigen Augen an, denn ihre Igelmama ist leider auf der Straße unter ein Auto gekommen. So übernahm die Rosi die Aufgabe, sich um die sieben kleinen Stacheltiere zu kümmern. In der Diele wurde ein Igelhäuschen gebaut, Ernst wurde beauftragt aus jeder Gartenecke so viele Schnecken wie möglich ins Haus zutragen und Rosi kümmerte sich um zusätzliches Dosenfutter für die sechs kräftigen und die Milchflasche für den kleinsten der neuen Hausbewohner. So schafften es die beiden, alle sieben Igel über den Winter zu bringen.

Im Mai wurde im Garten ein Gehege errichtet und die Igel waren wieder an der frischen Luft. Es war ihnen gut ergangen in ihrem Winterquartier. Aber bevor Rosi und Ernst über das weitere Leben der stacheligen Kerlchen nachdenken konnten, buddelten sich diese unter dem Gehegezaun ein Loch und verschwanden auf Nimmerwiedersehen. Ob sie wenigstens noch ein paar Schnecken aus dem Garten ihrer Ersatzeltern als Wegzehrung mitgenommen haben, ist dem Chronisten nicht bekannt.

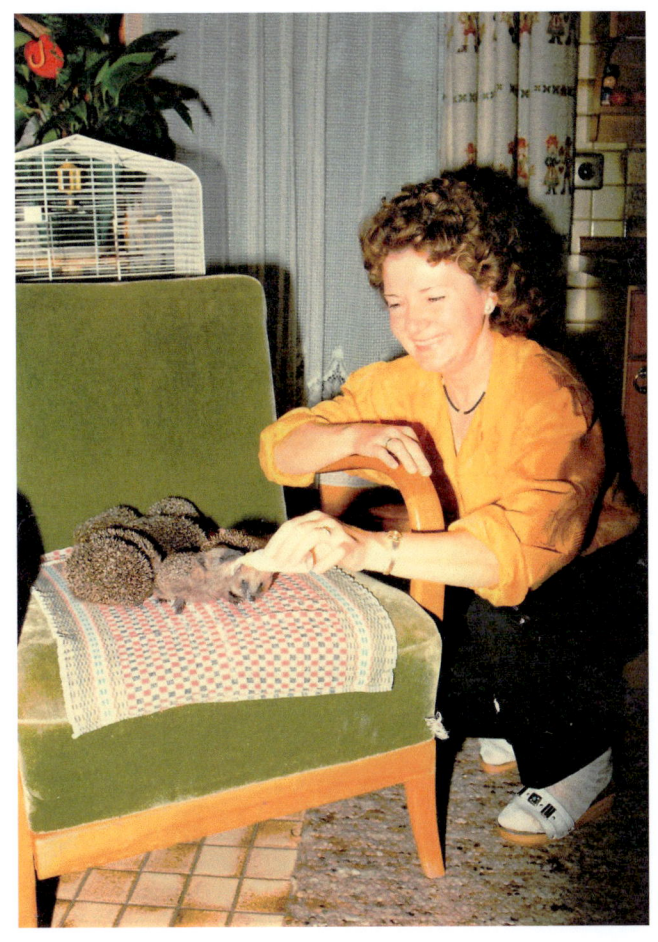

Zu früh gefreut!

Als Gottfried nach dem Krieg die achte Klasse in der Hagenheimer
Schule besuchte, war es auf Antrag möglich Schülern, die aus einem
landwirtschaftlichen Haushalt stammten, einen früheren Schulabgang
zu ermöglichen.
Gottfried langweilte sich in der letzten Klasse so sehr, dass er den Vater
bat, ihn doch von der Schule zu befreien. „Das viertel Jahr wirst Du es
doch wohl noch aushalten in der Schule!" meinte der Vater. Gottfried
aber bettelte und bettelte, bis der Vater schließlich einlenkte und den
Antrag an die Schule stellte. Schneller als gedacht wurde dem Antrag
stattgegeben und Gottfried durfte bereits im Mai die Schule verlassen.
Die Freude über ein schlaues Leben nach dem Schulabgang verging dem
Gottfried aber bereits am ersten Morgen seiner angeblichen Freiheit.
Denn seiner Annahme, er könne jetzt ausschlafen, sogar über den
Schulbeginn hinaus, schob der Vater sehr deutlich einen Riegel vor: „Du
hast die Schulbefreiung nur aus einem Grund bekommen, nämlich: um
auf dem Hof mitzuarbeiten! Und das heißt um fünf Uhr raus aus den
Federn und ab in den Stall!"
Da war Gottfried schnell im realen Leben angekommen!

Der Tod des Schimmels

(Die Thaininger Pfarrei über die Kapelle Maria Heimsuchung in Memming)

‚Ungeschützt stand die Kapelle noch vor Jahren in einer Roßweide, da soll es, wie das Volk von einer sagenumwobenen Phantasie zu erzählen weiß, vorgekommen sein, daß ein Schimmel durch die offenstehende Kapellenthüre in das Innere geriet, sich alsdann die Thüre hinter ihm schloß und so den bedauernswerten Einhufer zum Gefangenen machte.- Gar lange mag es angestanden haben, bis endlich jemand den Weg zur Kapelle nahm, man fand darin wohl den Schimmel, aber bereits todt am Boden liegen. Elendiglich ward er in seiner einsamen Klausur, von Niemanden beobachtet, Hunger darbend verendet.‘

5. Zeitgeschichte

Natürlich wird überall „Geschichte geschrieben".

Wenn es um unser Land geht, erhebt dieses „Geschichteschreiben" einen staatstragenden Anspruch, der je nach seinem Zeitfaktor stolz und würdevoll oder schuldbeladen und demütig zur Schau gestellt wird.

Wobei wir Bayern uns eher auf den stolzen Part konzentrieren, auch wenn wir nicht umhinkönnen, unseren König Ludwig II als einen eher verwirrten Zeitgenossen anzuerkennen.

Natürlich wird auch in jedem Dorf „Geschichte geschrieben", so auch in unserer Gemeinde. Manche dieser geschriebenen Geschichtsseiten lehnen sich streng an das, was sich in unserem Land zugetragen hat.

Vieles allerdings stellt sich nur für die Gemeindebewohner als bedeutend dar und einiges verhehlt auch beidem seine Zugehörigkeit nicht.

Eines aber gilt für die Zeitgeschichte in einem kleinen Ort wie dem unserem auf jeden Fall: Die Geschichten sind nur Brotkrummen aus der Zeit von der sie erzählen.

Das alte Schulhaus

1835 heißt es in einem Inspektionsbericht an das Landgericht Landsberg: Der Zustand des gegenwärtigen Unterrichtslokales ist der kläglichsten und betrübensten Art! ..." (21 Schuh* lang, 12 Schuh breit und 6 Schuh hoch) „ ... zum Theile nur mit einem halben Stein gemauert, zum Theile mit einer Bretterwand umgeben, hinter der die Viehställe angebracht sind. Der Boden ist uneben und vermodert; vier kleine Fensterstöcke sind Öffnungen, durch welche der Sonne Licht und Strahl nur kläglich eindringen kann."
Im selben Jahr bat Pfarrer Jocher den Distriktschulinspektor um Unterstützung für ein neues Schullokal. Der Kreis bewilligte 600 Gulden. Wer den Rest der Kosten von 1458 Gulden übernommen hat, ist nicht überliefert.
Fest steht aber, dass sich die Leistungen der Gemeinde wegen der „Armuth" lediglich auf die Ermittlung eines geräumigen Bauplatzes beschränkt haben. Am 1. November 1837 war der erste Schultag für die 60 Werktag- und ebensoviel Sonntagsschulpflichtigen im neuen Schullokal. Das Schulzimmer war 23 ½ Schuh lang, 28 ½ Schuh breit und 11 ½ Schuh hoch.
1858 wurde das Schulhaus für 2312 Gulden erweitert. Und siehe da, unter „größtem Opfer" übernahm die Gemeinde 1112 Gulden der Kosten und bat „unterthänigst", „ein königliches Landgericht wolle gefälligst" beantragen, die restlichen 1200 Gulden aus dem „Kreisfond allergnädigst" anzuweisen. Dies geschah am 16. Oktober 1858. Am 2. Januar 1860 wurde die Schule wiedereröffnet. 1889 wurden im Westen zwei Schulsäle für 9200 Mark angebaut und 1891 in Betrieb genommen. Inzwischen besuchten über 100 Kinder täglich die Schule.

*1 Schuh = ca. 30 cm

Das Hofstetter Bürgerhaus

Viele Jahrzehnte war das alte Schulhaus nicht öffentlich genutzt. Seit ein paar Jahren nun ist es zwar für manchen nicht unbedingt wieder täglich das Ziel, wie zu alten Schulzeiten, aber immerhin wieder ein wichtiges und gern besuchtes Haus in der Mitte unserer Gemeinde.
Das alte Schulhaus ist das neue Bürgerhaus geworden. Und mit Hofstetten hat nun auch die letzte der Landkreis Gemeinden ein eigenes Rathaus. Auf das, was die Architekten in Abstimmung mit engagierten Bürgern und dem Gemeinderat aus dem alten Schulhaus gemacht haben, sind wir sehr stolz. Es hat sich gelohnt, den „alten Bau" neu einzukleiden. Leben müssen wir Bürger ihm jetzt einhauchen.

Schulsuppe in der Schreinerei
Erinnerungen von Clemens Dankl

Wir Kinder aus Hagenheim waren sehr stolz darauf, immer pünktlich in der Schule in Hofstetten gewesen zu sein. Wind und Wetter konnten uns nicht davon abhalten, rechtzeitig zum Unterricht zu kommen. Einen Schulbus gab es damals für uns nicht und Fahrräder hatten wir Kinder auch keine.

Also machten wir uns jeden Morgen zu Fuß auf den Weg. Am schönsten war es im Winter, wenn richtig Schnee lag. Da haben wir uns die Schier angeschnallt und dann ging's los nach Hofstetten rüber.

Wir Hagenheimer waren immer pünktlich. Viele Hofstetter Kinder nahmen es mit der Pünktlichkeit nicht so genau und kamen öfters zu spät in die Schule.

Damals hatten wir auch nachmittags Unterricht. Mittags konnten wir Hagenheimer natürlich nicht zum Essen nach Hause gehen, deshalb bekamen wir die Suppe in einem Henkeltopf, den man ganz dicht verschließen konnte, mit auf den Weg. Der Löffel gehörte zum Schulzeug wie der Griffel und die Tafel. Mittags sind wir mit unseren Suppentöpfen zur Schreinerei Resch gegenüber vom Käserwirt gegangen. Dort gab es einen großen Ofen, auf dem der Resch-Schreiner seinen Leim erhitzt hatte. Auf diesen Ofen stellten wir unsere Töpfe, um die Suppe warm zu machen. Dann saßen wir auf den Balken und Brettern zusammen und aßen unsere Schulsuppe.

2022: Vor 80 Jahren.....

Die Mutter von Pia Zimmermann aus Finning hat im Laufe ihres Lebens eine Zeit lang jeweils in der „Willi-Graf-Straße" und in der „Christoph-Probst-Straße" gewohnt. Als 13-Jährige wollte Pia wissen, wer hinter den Straßennamen steckt und erfuhr von ihrer Mama, dass die beiden Männer Mitglieder der Widerstandsgruppe „Die Weiße Rose" im dritten Reich waren. Zufällig kam der Nachbarin Dr. Ruth Drexel das Interesse der kleinen Pia zu Ohren und sie erzählte ihr, dass ihr Vater, Dr. Heinrich Drexel, ein guter Freund von Willi Graf, Christoph Probst und Hans Scholl war und mit ihnen studiert hat.
Pia durfte für den Geschichtswettbewerb des Bundespräsidenten die Nachlasskiste des Heinrich Drexel durchsehen, entdeckte dort mit dem Buch: ‚Die Brücke von San Luis Rey' ein geschichtliches Kleinod. Mit ihrer bemerkenswerten Arbeit wurde sie Bayerische Landessiegerin.

Dr. Heinrich Drexels Großeltern Anna und Heinrich Drexl liegen auf dem Hofstetter Friedhof begraben, denn sein Vater Wilhelm Drexel heiratete die Tochter der beiden: die Hofstetterin Anna Drexl. Anna musste also nach der Hochzeit ihrem Namen nur ein kleines „e" beifügen.

Auch wenn Dr. Heinrich Drexel es nie an die große Glocke hängte, er wusste um alle Widerstandsaktivitäten der „Weißen Rose" und unterstützte sie auch. Er selbst sagte, dass es nur der Verschwiegenheit von Willi Graf zu verdanken gewesen sei, dass er nicht von der Gestapo verhaftet wurde.

Heinrich Drexel ist der spätere Prof. Dr. med. Heinrich Drexel, der bahnbrechende Forschungen in der physikalischen Medizin vornahm und somit die Grundlagenmedizin für viele Heilbäder in Bayern bereitete.
Seine Schwester Wilhelmine lebte von 1991 bis 2002 in Memming bei den Waldmanns am Hof.

Heinrich Drexel (links) seine Geschwister
Wilhelmine, Franz und sein Vater Wilhelm

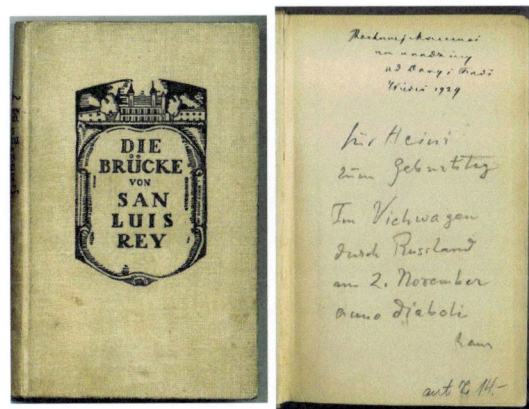

Geburtstagsgeschenk 1942 an Heinrich Drexel
mit Widmung von Hans Scholl

Dem Tod von der Schippe gesprungen...

Es war in den letzten Kriegstagen! Die Nachricht, der Amerikaner sei bereits in Landsberg, hatte längst auch Hofstetten erreicht. Im Gasthaus Grünsink, harrten Ottilie Hoy und ihre Tochter Anna der bevorstehenden Ankunft der amerikanischen Soldaten. Endlich war das Dröhnen der Motoren von schweren Kriegsfahrzeugen zu vernehmen und in Richtung Memming war der erste Konvoi zu sehen. Die beiden Frauen hissten eine weiße Fahne an der Wirtschaft, um zu signalisieren, dass hier kein Widerstand zu erwarten sei. Doch die ankommende Kolonne waren keine Amerikaner, sondern ein letzter Trupp der SS, die den Befehl hatten, den amerikanischen Vormarsch aufzuhalten.

Die Kolonne hielt vor dem weiß beflaggten Gasthaus und stürmte laut schreiend mit angelegten Gewehren ins Haus.

In der Stube des benachbarten Bauernhofes saß die junge Bäuerin mit ihren Kindern im Herrgottswinkel und betete schreckensbleich den Rosenkranz.

„Sie werden sie erschießen!" entfuhr es der jungen Frau.

Das erste Ave-Maria war noch nicht zu Ende gebetet, da drang abermals das Dröhnen von Panzerketten und Motoren in den kleinen Weiler. Das erinnerte die SS-Männer offensichtlich an ihren Befehl, die Amerikaner aufzuhalten und nicht verschreckte Frauen standrechtlich zu erschießen. Sie stießen die beiden in den Keller hinunter, verbarrikadierten die Türen, stürmten nach draußen und machten sich unvermittelt aus dem Staub in Richtung Dießen.

Kurze Zeit später rollten die ersten amerikanischen Panzer am Grünsinker Gasthaus vorbei, gefolgt von einer kilometerlangen Kolonne von LKWs, Jeeps, Panzern und Spähwägen.

Die junge Bäuerin lief erleichtert in das nachbarliche Wirtshaus und befreite die beiden Frauen aus ihrem Gefängnis.

Zwei Stunden später kam die Kolonne zum Stehen. Dem SS-Trupp war es offensichtlich im letzten Augenblick gelungen, die Ammerbrücke zwischen

Dießen und Fischen zu sprengen. Die Kolonne der amerikanischen Armee staute sich von der gesprengten Brücke bis nach Hagenheim zurück. Es waren lediglich Minuten, die die beiden Frauen vor dem sicheren Erschießungstod bewahrte. Grünsink überlebte trotz militärischer Einrichtungen den Krieg ohne einen einzigen Toten.

Ottilie Hoy gemalt vom Portraitmaler Max Hoy,
einem Cousin ihres Mannes Georg

Explosion bei Hagenheim

Anfang 1945 war zwischen Hagenheim und Memming ein landwirtschaftliches Gespann unterwegs, das nicht mit Viehfutter, sondern komplett mit scharfer Munition für den Fronteinsatz beladen war. Der Fahrer sichtete einen Tiefflieger der Alliierten, sprang von der Zugmaschine, rannte um sein Leben und versteckte sich unter der Tennenauffahrt des Waldmannhofes in Memming. Der Tiefflieger setzte einen Volltreffer auf das Gespann, das mit einem ohrenbetäubenden Knall und einer erdbebengleichen Erschütterung explodierte.

Die im Stall arbeitende Bäuerin in Grünsink und ihre Kinder liefen geschützt von der westlichen Fichtenhecke hinter den Hof, lugten durchs Geäst und sahen meterhoch schlagende Flammen und die schwarze gegen den Himmel steigende Rauchsäule.

Verletzt wurde Gott sei Dank niemand, die Buben aus den beiden Weilern fanden allerdings auch noch Jahre danach auf der verbrannten Erde im Straßengraben haufenweiße Patronenhülsen, die sie zu allerlei „nützlichen Gerätschaften" zusammenbastelten.

„Die Stellung"

Grünsink diente der deutschen Wehrmacht als „Leitstation für
Nachtjäger".

Zwei Radaranlagen, die eine auf der Eberlewiese an der heutigen Straße
zwischen Hofstetten und Grünsink und die andere östlich von Grünsink,
sowie ein riesengroßer Blendspiegel am Wirtschaftsweg zwischen
Hofstetten und Obermühlhausen, sollten den deutschen Abfangjägern
helfen, die Flugzeuge der Alliierten am Flug auf München zu hindern.
Die Grünsinker Anlage funktionierte allerdings nicht, da die Alliierten
mit Hilfe von Stanniolfolienstreifen den deutschen Radar so irritierten,
dass ihre Bomber ungehindert auf München zufliegen konnten.
Noch heute kommen beim Umpflügen der Äcker Stanniolfolienreste ans
Tageslicht. An der Stelle des Blendspiegels, der von den Franzosen
zerschlagen wurde, sind bei jedem Spatenstich noch viele Spiegelsplitter
im Erdreich zu finden.

Stellung in Grünsink

Die Mädchen mit den Funkgeräten

Im Zusammenhang mit der militärischen Einrichtung in Grünsink erzählt man sich noch heute mit einem verschmitzten Lächeln hinter vorgehaltener Hand von den „hübschen Funkermädchen". Dem Chronisten ist es bisher nicht gelungen, den Wahrheitsgehalt dieser Dorflegende zu überprüfen. So viel ist ihm aber aus verschiedenen Nachrichtenquellen zu Ohren gekommen: Die deutschen Wehrmachtsmädchen fristeten in der Grünsinker Stellung ein eher einsames Leben. Die meisten Soldaten waren an der Front und die zurückgebliebenen Wachsoldaten gehörten nicht zu den attraktivsten Exemplaren des männlichen Geschlechtes. In Hofstetten gab es da schon noch den ein oder anderen attraktiven und noch nicht wehrpflichtigen Bauernburschen und auch so manch älteres gutaussehendes Mannsbild. Mehr, als dass die Hofstetter Herren auffällig oft in jener Zeit statt zum Hofstetter Wirt, nach Grünsink zum Wirt gingen, da der angeblich das bessere Bier hatte, ward dem Chronisten nicht zugetragen. Auch ist nicht überliefert, ob der Grünsinker Wirt wirklich mehr Umsatz machte in jenen Jahren.

Halt, doch noch eines: Als 1945 kurzfristig die Franzosen die Grünsinker Stellung übernahmen, erfuhr man wieder hinter vorgehaltener Hand, welch außergewöhnlich hübsche Persönchen die französischen Funkermädchen seien.
Wie gesagt: Für den Wahrheitsgehalt dieser sich bis heute haltenden Geschichte im Dorf übernimmt der Chronist keine Verantwortung.

Zwei Wochen lang Mehlspeise!

Die Hofstetter Bauern versuchten während des 2. Weltkrieges erfolgreich „Schwarzgeschlachtetes" dem außerdörflichen und vor allem dem behördlichen Zugriff zu entziehen. Dazu nutzten sie den Drainageschacht neben dem Anwesen des „Finker-Bauern" (heute die Raiffeisenbank!) als geheime Vorratskammer. Mehrere Jahre gelang ihnen dies, ohne dass ihnen jemand dabei auf die Schliche kam.

Die fleischliche Versorgung des Dorfes wurde jedoch jäh unterbrochen, als 1945 eine französische Bestatzungstruppe in Hofstetten haltmachte und einen Panzer geschlagene zwei Wochen just auf dem Deckel dieses Schachtes abstellten.

2024: Es geschah vor 85 Jahren

Es war der 8. November 1939 als im Bürgerbräukeller in München die Bombe explodierte, die der Schreinergeselle Georg Elser gebaut hatte, um Adolf Hitler zu eliminieren. „Ich wollte", so sagt Georg Elser in späteren Verhören, „noch größeres Blutvergießen verhindern!"
Eher zufällig wird Georg Elser noch am 8.November in Konstanz wegen seines Versuchs, illegal in die Schweiz zu gelangen, festgenommen. Eine Ansichtskarte vom Münchener Bürgerbräukeller, die er bei sich hatte, verriet seine Verbindung zum Attentat in München.
Der Hofstetter Klemens Schiegg und seine Schwägerin Maria Löbhard waren seit vielen Jahren mit Georg Elser befreundet. Georg Elser konstruierte nicht nur einen diffizilen Sprengkörper, sondern überlegte sich auch verschiedene Fluchtrouten nach dem Attentat. Diese hielt er schriftlich fest. Als einziger Fluchtort zwischen München und der Schweizer Grenze war auf diesem Fluchtplan der Schiegghof in Hofstetten aufgeführt. Den Fluchtplan bekam die Gestapo bei der Befragung von Elsers Verwandten in die Hände. Daraufhin erschien die Gestapo in Hofstetten, um Klemens Schiegg zu verhaften. Klemens aber war zu der Zeit bereits als Soldat zur Gefangenenbewachung in Norwegen und entkam so der Verhaftung. Maria Löbhard allerdings wurde verhaftet und kam ins KZ nach Dachau. Trotzdem sie dort zum Tode verurteilt wurde, überlebte sie den Krieg. Über ihre Zeit im KZ sprach Maria Löbhard nach dem Krieg nicht.

Clemens Schiegg um 1975

Schwarzgemahlenes

Als bei der Gestapo-Razzia am Schiegghof 1939 im Zusammenhang mit dem Attentat von Georg Elser auf Adolf Hitler ein Polizist in der Speisekammer einen Sack Mehl fand, bellte er die Schiegg Zenzi an: „Ist das schwarz gemahlen?" „Nein!", gab die Zenzi mit ernster Unschuldsmine zurück, „Das Mehl ist weiß gemahlen! Das sieht man doch, oder?"

Der Schwiftinger Eierraub

Als im Jahr 1945 die Amerikaner nach Hofstetten kamen, wurden für deren Unterkunft sechs Häuser beschlagnahmt. Auch der Salger Franzl musste mit seiner Familie aus seinem Haus raus. Sie kamen beim Weber Andrä unter. Dieser machte sich einen Spaß mit dem Franzl und sagte, für die Schlafstelle müsse er bei den Amis Zigaretten organisieren. Der Franzl tat das natürlich und bekam von den Amerikanern auch Zigaretten, musste aber immer eine Zigarette mindestens bis zur Hälfte selbst rauchen.

So machte sich der Franzl bei den Amerikanern sehr beliebt. Einer der Soldaten hatte regelrecht einen Narren an ihm gefressen und lud den Buben regelmäßig ein, im Jeep auf Besorgungsfahrten mitzufahren. Eine dieser Fahrten ging zu einem Bauernhof nach Schwifting. Sie fuhren auf den Hof, wo eine ganze Menge Hühner gackerten und nach Körnern pickten. Der Soldat stoppte den Jeep und als die Bäuerin aus dem Haus kam, sagte er: „Ich brauchen Eier!"

Die Bäuerin antwortete: „Ich habe keine Eier!"

Da stieg der Soldat aus und drohte der Bäuerin: „Du mir nicht geben Eier? Ich machen Bum Bum!" Er griff nach dem Gewehr und lud es durch.

Die Bäuerin lief daraufhin schreckensbleich ins Haus und brachte eine große Teigschüssel voll Eier an den Jeep. Der Soldat nahm seine Mütze vom Kopf, legte sie dem Franzl auf den Schoß und verstaute alle Eier in die Kappe. Dann dankte er der Frau sehr höflich und sagte dem Franzl. „Du aufpassen, dass Eier nicht kaputt bis Hofstetten!" und brauste los. Der Franzl kam ganz schön ins Schwitzen mit der Mütze voller Eier auf seinen Schenkeln. Trotz wilder Fahrt nach Hofstetten ging keines der Eier zu Bruch.

Ein Anzug für den Bub

Im Mai 1945 war der Krieg aus. Die Kinder von Grünsink spielten im Wäldchen nahe der Hungermühle Räuber und Gendarm. Plötzlich stießen sie auf eine ganz besondere Hinterlassenschaft im Wald. Zerknittert und wie gerade ausgezogen lag auf dem Waldboden eine komplette Soldatenuniform.

Offensichtlich hatte sich hier vor nicht allzu langer Zeit ein Soldat seiner Uniform entledigt, um nicht den Amerikanern in die Hände zu fallen und gefangengenommen zu werden.

Die Buben nahmen die militärischen Kleidungsstücke mit nachhause und übergaben sie der Mutter.

In den ersten Oktobertagen kam wie jedes Jahr die Liesl Boos aus Entraching mit dem Fahrrad auf den Grünsinker Hof und bot dort ihre Schneiderkunst an. Die Bäuerin zeigte ihr die „pfenning-guade" Uniform. Sogleich schritt die Liesl zur Tat, nahm beim älteren Sohn des Hofes Maß, setzte sich an die hauseigene Nähmaschine und ein paar Tage später steckte der Bauernbub in einem tadellos sitzenden feinen Trachtenanzug, auf den er beim sonntäglichen Gottesdienst besonders stolz war. Die Boos Liesl war mit ihrer Arbeit fertig, bekam neben Kost und Logis einen redlichen Lohn und radelte weiter auf den nächsten Hof nach Memming, um dort ihre Dienste anzubieten.

Das Hagenheimer Lied

Unsere Heimat

In Hagenheim in grüner Wiesenzier,
da gab Gottes Liebe die Heimat mir.
Da liegt im Tale mein Dörflein so traut
Von Fluren gegrüßet, vom Himmel umblaut
Und wie ein Märchen aus uralter Zeit,
umschließet unsere Heimat ein Hag so weit:
Friede und Freude und selige Ruh,
Heimat, oh Heimat, wie schön bist du.
Heimat, oh Heimat, wie schön bist du

Ein Kirchlein auf lieblicher Höhe allein.
erstrahlt in der sinkenden Sonne Schein.
Manch Feldkreuz am Wege dich mahnt zum Gebet
beim Bilde des Herrn, der am Kreuze erhöht.
Von Ferne erglänzt der Berge Pracht
Sie künden von uralter treuer Wacht.
Friede und Freude und selige Ruh,
Heimat, oh Heimat, wie schön bist du,
Heimat, oh Heimat, wie schön bist du.

Und zieh ich auch einst in die Welt hinaus,
ich kehre gern wieder zum Vaterhaus.
Und schließ ich die müden Augen einst zu,
zum letzten Schlaf, zur ewigen Ruh,
dann sei dir im Sterben mein Herz zugewandt,
dir mein Dorf und dem bayerischen Land.
Friede und Freude und selige Ruh,
Heimat, du liebe, mein Trost bist du,
Heimat, du liebe, mein Trost bist du.

*Der Text dieses Liedes wurde von Hans Schwarzwalder
in russischer Gefangenschaft gedichtet.*

Hagenheimer Musikkapelle

6. Originale

Der Chiemsee, das Schloss Neuschwanstein, das Oktoberfest, die kracherte Lederhose und der rundwirbelnde Dirndlrock sind angeblich die Identifikationsmerkmale bayerischer Eigenart und Kultur. In Hochglanzbroschüren, Fotobüchern und Reiseführern werden sie oft als Aushängeschilder der bayerischen Lebensart feilgeboten und gerne als das ‚Gesicht Bayerns' verkauft.

Das echte Bayern steckt aber hinter den manchmal unscheinbaren, oft verschmitzten und ganz sicher immer authentischen Gesichtern derjenigen Menschen, die in ihrer Originalität das Leben in einem Dorf prägen. Meist drängen sie sich gar nicht in den Vordergrund, sind aber so prominent, dass sie von niemandem übersehen werden können. Und jedem, dem es vergönnt ist, mit einem „Original" an einem Tisch zu sitzen, ihm zuhören zu dürfen beim Geschichtenerzählen, beim Singen vielleicht oder beim Aufspielen mit Musikanten, wird damit vergönnt, wirklich hinter die Kulissen unserer Lebensart schauen zu dürfen.

„die Mösl-Marie"

Die Mösl-Marie war bekannt
mit Farb' und Pinsel in der Hand.
Auch Gummiwalzen mit Dekor
die machten schön, was faad zuvor.

Sie malte viele Wände bunt
am Wochenende aber ging's dann rund:
Beim Hipp- und auch beim Käser-Wirt
geschafkopft wurde stets zu viert.
Das dunkle Bier vertrieb den Durscht,
der Heimweg war ihr oftmals wurscht.

Doch montags zwar mit schwerem Kopf,
stand sie bereit am Malertopf!
Pünktlich war sie dann zur Stelle,
schwang grimmig Pinsel und die Kelle.
Es war was los bei der Marie
so kannte und so mocht' man sie.

Hofstetten hat noch einen Sattler

Der Beruf des Sattlers gehört zu den ältesten Branchen in unserer Kultur. Denn das Sattlerhandwerk, wie wir es heute kennen, ist umfassender, als das frühere Sattlerhandwerk. Es ist ein Bündel von Handwerkszweigen, die früher genau und sorgfältig unter schieden wurden, z.B. der Beutler, der Gürtler, der Nadler, der Riemer, der Täschner u.v.a.

Jeder, der mit unserem Sattler in Hofstetten schon zu tun hatte, weiß, dass er nicht nur für Ross und Reiter arbeitet - dass schon auch - aber Du kannst ihm fast alle Ledersachen hintragen und er wird sie Dir reparieren, den Koffer, die Tasche, den Gürtel, ja sogar die Lederhose oder Deine Eishockeyausrüstung. Nicht nur Leder ist sein Metier, genauso geht er mit Metall, Holz und Stoff um, macht Beschläge und Nieten oder polstert Dir deinen harten Holzstuhl.

Eigentlich wäre Sattler noch heute ein «sattelfester» Beruf, aber es gibt nur noch sehr wenige Sattler und einer davon lebt und arbeitet in Hofstetten. Wir haben auch noch einen Schmied in Hagenheim und einen Bäcker, einen Schreiner, einen Maurer einen Gärtner und, und, und ... von ihnen könnten wir Vieles über Handwerk, Handel und Gewerbe in Hofstetten und Hagenheim erfahren ......

Diese Anekdote ist aus unserem ersten Kalender aus dem Jahr 2001. Der Sattler und der Schmied haben sich bereits vor einigen Jahren aus dieser Welt verabschiedet.

Die Hipp Finni und ihr Geldbeutel

Eigentlich hat die Finni, unsere Wirtin beim Hipp, das Geld immer im Griff (siehe nebenstehendes Bild). Und wie man's zusammenhält, hat sie schon von klein auf lernen müssen und bis heute nicht vergessen.

Manch ein später Zecher, der vielleicht zum ersten Mal ihre Gaststube besuchte, hat sich zu früh gefreut, wenn er glaubte, er könne seine Zeche prellen, wenn er nur lange genug sitzen bliebe. Da kennt er unsere Wirtin aber schlecht. Sie ist immer schon da, wenn der erste Gast in die Stube kommt und ist auch meist die letzte, die die Stube verlässt. Und während dieser Zeit braucht kein Gast lang zu warten: Weder auf das frische Bier noch auf die Rechnung.

Nur einmal hat sie jemand ausgeschmiert:

Finni legte ihren Geldbeutel ab und zu in einen Schub am Tresen. Ein Gast, der noch nicht ein mal eine Bestellung gemacht hatte, beobachtete dies, stand auf, ging an den Tresen, öffnete den Schub, nahm den Geldbeutel heraus und verschwand aus der Gaststube nach draußen. Er war so kaltschnäuzig, dass selbst die anwesenden Gäste nicht glaubten, was sie da gerade beobachteten. Bis der erste reagierte und nach der Finni schrie, war der Dieb längst über alle Hofstetter Berge.

Pech für ihn:

Es hat sich nicht recht gelohnt. Der Geldbeutel war wohl mehr wert als sein Inhalt.

Die Finni passt jetzt aber noch besser auf ihren Geldbeutel auf. Und wenn's mal gar nicht anders geht, lässt sie ihn am Tisch liegen und die Gäste geben Acht, dass er nicht wegkommt.

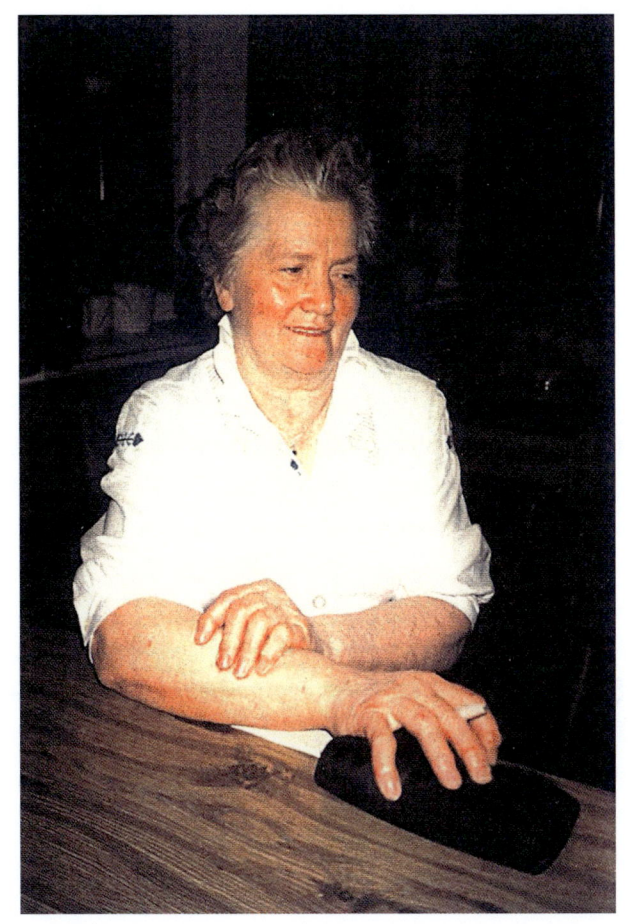

Bei der Christa

Die bekannte bayerische Filmproduzentin Molly von Fürstenberg und ihr Mann waren es, die die Christa dazu animierten, seit 1984 im Löwen auch Mittagessen anzubieten, dessen Klasse schnell über die Gemeindegrenze hinaus bekannt wurde und der Christa seitdem jeden Sonntag eine volle Gaststube bescherte. Seit 1976 kam das bekannte Filmemacherpaar („Kirschblüten", „Kleine Haie", „Schwere Jungs", „Grüße aus Fukushima" u.a.) zum Hagenheimer Löwen, um bei einem kühlen Bier Brotzeit zu machen. Als diese in Pürgen ihr Haus umbauten, drängten sie Christa, ihre Arbeiter-Mannschaft auch mit Mittagessen zu versorgen.

„In den ersten Jahren konnte man vom Getränkeumsatz noch gut leben", weiß Christa heute zu berichten, „außerdem hatten wir ja auch noch den Metzgerladen, der keine Öffnungszeiten kannte!" Denn die Hagenheimer Herren kamen am Abend nicht nur, um ihr Feierabendbier zu trinken, sondern auch, um das Mittagessen für den nächsten Tag noch mitzunehmen. Ein Grund mehr, zum Wirt zu gehen.

Seit Dezember 1972 lief das Gasthaus in Hagenheim unter der Regie von der Feldinger Christa. „Zuerst haben wir es ja nur gepachtet, 1979 haben wir das Gebäude dann gekauft und mit Hilfe vieler Hagenheimer Bürger streng nach den Vorschriften des Denkmalschutzes renoviert und saniert."

Klar griffen die Hagenheimer der Christa und vor allem dem Michael, der die meiste Arbeit selbst anpackte, gerne unter die Arme, denn es ging ja um ihre Dorfwirtschaft! Nicht auszudenken, wenn man nach Thaining oder nach Hofstetten hätte auswandern müssen, um sein Bier zu trinken!

2017 nach 45 Jahren haben sich die Christa und der Michael nun zur Ruhe gesetzt. Die Wirtschaft ist in die Hände der Gemeinde übergegangen und wird mit neuen Pächtern weiter betrieben.

Die „Wirtsrentner" Christa und Michael aber bleiben in der Wohnung im Hinterhaus und werden auch weiterhin auf dem Bankl vor der Wirtschaft sitzen und Geschichten aus ihrem 45-jährigem Wirtsleben erzählen.

Die Steer Lotte

Fünfzehn Jahre ist es her,
als der Lotte – die vom Steer-
aufgefallen ist: „Oh Graus!
Mann beim Wirt und Frau zu Haus?"
So konnt` das nicht stehen bleiben,
es begann sie umzutreiben.
Und nach aller kurzer Zeit
Warn wirklich viele Fraun bereit.
beim Löwenwirt nen Tisch zu mieten,
-die Männer mussten Kinder hüten-.
Lohn dieser Emanzipation
ist die Stammtischtradition,
die die Frauen von Hagenheim
bis heut noch pflegen bei gutem Wein.

Ein Pfarrer wollte Bahnvorsteher werden!

Pfarrer Johann Baptist Jaumann, der Großonkel des späteren bayerischen Finanzministers Anton Jaumann, ist aus dem Leben der Hofstetter nicht wegzudenken.

Der umtriebige Pfarrer wollte damals eine Eisenbahn von Landsberg direkt nach Weilheim bauen lassen, die natürlich über Hofstetten führen sollte, so dass Hofstetten Bahnstation geworden wäre. Alle Planungen waren bereits sehr weit fortgeschritten und der gewiefte Pfarrer war eifrig dabei, die dafür notwendige Finanzierung zu organisieren. Da machte ihm die Weltpolitik einen Strich durch die Rechnung: Der erste Weltkrieg verhinderte sein wohl größtes Projekt für die Gemeinde Hofstetten.

Erfolgreicher und bis heute unübersehbar ist der von ihm organisierte Bau eines neuen Kirchturms für St. Michael. Der alte Kirchturm war zwar nicht baufällig oder marode, sondern lediglich zu „unansehnlich" und vor allem zu klein. So beschloss man auf Betreiben von Pfarrer Jaumann 1905 einen neuen Turm für die Kirche St. Michael zu bauen. Es sollte ein überragender Turm werden und vor allem größer und prächtiger als der Drei-Glocken-Turm in Hagenheim. Finanziert wurde der Bau aus Spenden und mit Hilfe von einem Kredit von dem von Pfarrer Jaumann (mit-)gegründeten Spar- und Darlehensverein.

Als die Baukosten dann aber doch höher ausfielen, als man geplant hatte, verweigerte man dem Bauunternehmer Heckmann aus Dießen die Zahlung in der gestellten Höhe. So landete der Kirchturmbau vor dem Oberlandesgericht in München und schlussendlich musste man 1910 dem Bauunternehmer 250 Mark nachzahlen.

Ein weiteres Bauprojekt des Johann Baptist Jaumann war die Wasserversorgung in der Gemeinde. Der Pfarrer sorgte dafür, dass erstmalig alle Anwesen des Ortes mit einer direkten Wasserleitung

verbunden wurden. Die Mariensäule in der Mitte Hofstettens legt heute
noch Zeugnis vom Erfolg dieser segensreichen Einrichtung ab.
Ach ja: Natürlich war Pfarrer Johann Baptist Jaumann bei jeder
Gemeinderatsitzung vertreten, organisierte die Landwirtschaft in
Hofstetten neu, war in vielen Vereinen aktiv, ganz nebenbei las er auch
noch jeden Tag die heilige Messe in St.Michael und betreute als Vikar
auch die damals eigenständige Pfarrgemeinde Hagenheim.

Pfarrer Johann Ev. Jaumann (1856—1916)

Das „Dankl-Bankl"

In Hagenheim bei der Kapelle
gibt`s eine ganz besond`re Stelle.
Von dort hat man, ich möchte wetten,
den schönsten Blick auf ganz Hofstetten.

Beim Lärchenbaum steht dort a Bankl
auf dem sitzt oft der Clemens Dankl.
Zu mancher milden Abendstunde
trifft er dort seine Freundesrunde.

Aus seinem Radio mit Batterie
erklingt manch leise Melodie.
Und man erzählt und scherzt und lacht
den ganzen Abend bis zur Nacht.

Was sich im Dorf am Tag getan,
kommt sicher dort am Bankl an
Und jeden Hagenheimer Schwank
erfährt man an der Dankl Bank.

Der Kramer Jörgl

Grad raus und nicht gerade leise und geduldig sei der Kramer Jörgl gewesen. Seinem störrischen Ochsen, sagt man, habe er sogar einmal ins Maul gebissen, als der nicht so wollte, wie der Jörgl.

Er hatte die Aufgabe des Totengräbers nach dem Tod des Gemeindearbeiters Simon Bauer übernommen.

Der Jörgl und der Pfarrer Schuller verstanden sich recht gut, obwohl es der Jörgl mit dem Kirchgang nie so genau nahm.

Eines Tages im Wirtshaus bot der Pfarrer dem Jörgl eine Stange Zigaretten, wenn dieser an Pfingsten die Wallfahrt nach Andechs mitlaufen würde. Der Kramer Jörgl ließ sich- wohl nicht wegen der Andacht, sondern eher der Aussicht auf das gute Andechser Bier wegen – darauf ein.

Auf dem nicht ganz nüchternen Heimweg stolperte der Jörgl und brach sich das Handgelenk.

Der Kapitän des Ammersee-Dampfers wollte den Jörgl wegen seines „Mordsrausches" eigentlich gar nicht auf das Schiff lassen. Nur der Fürbitte des Pfarrers Schuler verdankte der Jörgl den Zutritt auf das Schiff.

Als dem Jörgl die Überfahrt -wohl wieder eher wegen des Durstes als der Schmerzen im Handgelenk- zu langsam ging, rief er dem Kapitän lautstark zu: „Schau, dassd Gas gibscht, sunscht sauf i de Brouznlaka aus, no kannscht dei Karra im Dreeg naziaga!"*

Trotz gebrochener Hand und einer langen Rast beim Leicher in Finning schaffte der Kramer Jörgl mit seinen 75 Jahren den ganzen Weg zu Fuß und der Pfarrer musste die Stange Zigaretten zahlen.

Am Pfingsten 1983 läuteten für den Kramer Jörgl die Totenglocken just als die Pilger vom heiligen Berg ins Dorf zurückkamen.

„Sieh zu, dass du Gas gibst, sonst sauf ich die Krötenpfütze aus, dann kannst Du deine Karre im Dreck über den See ziehen!"

„Der ewige Hochzeiter"   Eine Geschichte aus dem Jahr 2014

Dreißig Jahre ist es heuer her, dass „der ewige Hochzeiter" von einem Auto erfasst wurde und starb. Franz Menhart war ein wohl einzigartiges Original zwischen Lech und Ammersee.

Fabelhafte Geschichten rankten sich um diesen, im ganzen Landkreis bekannten Hagenheimer Zeitgenossen. Bekleidet mit einem langen Mantel aus der Nachkriegszeit, seiner Wollmütze unter dem breitkrempigen Hut und seinem grauen Jägerrucksack war er tagein, tagaus auf den Straßen zwischen Lech und Ammersee unterwegs. Wann immer er einem hübschen Mädchen oder einer stattlichen Frau begegnete, ging er schnurstracks auf sie zu und stellte ihr in harmloser, aber sehr ernster Absicht die Frage:

„Magscht mi heirat`n?"*

‚Allein auf dieser Frage beruht die im Volksmund geborene Bezeichnung „der ewige Hochzeiter!" ' schrieb am 29. August 1979 das Landsberger Tagblatt über den Hagenheimer Landwirt.

Viele Jahre war der Franz mit seinem Fahrrad unterwegs. Nach einem Unfall 1979 kannte man ihn als Fußgänger und Tramper auf den Landkreis Straßen. Dabei machte er den Autofahrern sehr nachdrücklich bekannt, dass er mitgenommen werden wollte. Und beschwor manch heikle Verkehrssituation herauf. Einmal musste ihn die Polizei sogar vom Grünstreifen der Autobahn holen, den er zum Trampen benutzte. Am 23.Oktober 1984 wurde ihm, 76jährig, diese Art zu trampen zwischen Dettenhofen und Hagenheim zum Verhängnis

*„Magst Du mich heiraten?"

Der Kräuterschorsch

In vielen bayerischen Dörfern gibt es eine Kräuterhexe. Die Hofstetter gehen zum Kräuterschorsch.

Der Reiber Schorsch hat viele Jahre lang Kräutergänge in der Hofstetter Flur gemacht. Meistens waren es die Frauen, die den Schorsch nach dem einen oder anderen Kräutertrunk gefragt haben. Als der Schorsch einmal mit einer Männergruppe unterwegs war, ihnen die Kräuter erklärte und verschiedene gesunde Tees empfahl, schlugen diese seinen Rat in den Wind und erklärten ihm: „Wir bleiben lieber beim Hopfentee!" Und begaben sich nach dem Kräutergang schnurstracks an den Stammtisch im Gasthof zur alten Post.

Angebote vom Kräuterschorsch:

Männer Tee aus kleinblühendem Weideröslein:
hilft bei Prostata- und Harnwegbeschwerden.

Für junge Paare: Mit Vorsicht zu genießen ist der Stinkende-Storchenschnabel-Tee: Verstärkt den Kinderwunsch heftig. (Nicht verraten hat der Schorsch, ob sich die Wirkung bei der Frau, beim Mann oder bei allen beiden einstellt.)

Walnussblätter Tee hilft mit seiner Gerbsäure bei weichen Knochen (Achtung: nur frische Walnussblätter bis maximal ersten Juli verwenden.)

P.S. Dem Chronisten ist nicht bekannt, ob Schorschls Familie deswegen so gesund ist, weil sie die Kräutertees vom Schorsch trinken oder sie fürchten.

In der Seedorfstraß' steht eine Bank

Du suchst auf dieser Bank mal Rast?

Wie arg Du Dich verrechnet hast!

Nein, diese Bank ist längst besetzt,

von solchen, die kein Mensch mehr hetzt!

Hier tagt wirklich in der Tat

Hofstettens weisester Senat.

Was im Dorf am Tag passiert,

wird altersreif klug kommentiert.

Die Jugend lässt man unstet hetzen,

selbst will man keinen Berg versetzen.

Mischt nicht mehr mit im großen Treiben,

will ruhig und gelassen bleiben.

Man beäugt mit frohem Lachen,

was die Jungen alles machen

und genießt auf dieser Bank

froh sein Alter: Gott sei Dank!

7. Nachdenkliches und Unheimliches

Kennt das nicht jeder von uns? Augenblicke, Situationen, Ereignisse, die einen im ersten Moment verzweifeln lassen, traurig machen, entsetzen oder gar vor lauter Peinlichkeit im Erdboden versinken lassen. Aber halt wirklich nur im ersten Moment, später, wenn wir das Geschehnis erzählen, läuft uns vielleicht noch ein Schauer über den Rücken, wir schnaufen vielleicht erleichtert durch oder aber wir können sogar herzhaft lachen über das, was wir im ersten Moment als das Drama schlecht hin erlebt haben.

Wenn man bei uns am Stammtisch zusammensitzt, finden sich auch solche Geschichten unter den Anekdoten, die immer wieder zum Besten gegeben werden. Je nachdem, was hinter der Sache steckt, wird vielleicht nur geschmunzelt, wissend mit dem Kopf genickt und manchmal eben doch herzhaft gelacht.

Das mysteriöse Bild vom Eglsee

Als unsere Bürgermeisterin im Jahr 2020 in das neue Bürgerhaus einzog, machte sie sich Gedanken über die freundliche Gestaltung der Räume. So wurden alte Fotos im Eingangsbereich aufgehängt, eine große Collage von Kindern gemalt fand im Gang seinen Platz und im Besprechungsraum entstand eine Kalenderwand. Nur für die Wand in ihrem Büro fand sich kein Wandschmuck, der sie so richtig überzeugte.

Es war im Oktober 2023 als mitten unterm Tag vor dem neuen Bürgerhaus ein großes Paket abgestellt wurde, auf dem weder ein Absender, noch ein Adressat angegeben war. Nur ein kleiner Post-it-Zettel mit dem handschriftlichen Vermerk „Eglsee" zierte das Paket.

Unsere Bürgermeisterin öffnete das Paket und entnahm ihm ein von dem bekannten schwäbischen Maler Josef Dilger gemaltes Ölbild vom Eglsee. Sie war sofort in dieses Bild verliebt. Da sie davon ausging, dass das Bild sehr bewusst vor der Türe des Bürgerhauses abgestellt wurde, ließ sie das Bild rahmen und heute ziert es eben diese Wand in ihrem Büro, die sie immer vor Augen hat, wenn sie an ihrem Schreibtisch sitzt.

Der Lehrer und die Wassernot

Fast 1000 Jahre herrschte in Hagenheim Wassernot.
Eine sehr alte geschichtliche Erwähnung spricht von Hagenheim als der
„Siedlung am stinkenden Graben". Das ist in der Chronik dokumentiert
und sagt aus, dass das wenige Wasser, das den Hagenheimern zur
Verfügung stand, nicht von guter Qualität war.
1746 brach in Hagenheim ein Großbrand aus, der viele Anwesen
zerstörte.
Aus Wassermangel konnte nicht gelöscht werden, was den Ort
besonders hart traf.
Eine ungewöhnliche Auswirkung des Wassermangels bekamen die
Hagenheimer Kinder im Jahre 1886 zu spüren.
Dem Lehrer Paul Moser machte der Wassermangel und die damit
verbundenen Konsequenzen für die Ernährung und Hygiene der Kinder
derart zu schaffen, dass er sich bei Nacht und Nebel einfach aus dem
Staub machte und Hagenheim für immer verließ.
Ob die Kinder sich darüber freuten oder aber traurig waren, hat der
Chronist nicht überliefert.

10.000 Mark und eine handfeste Brotzeit.

oder wie der Bayerische Staat kleinen Gemeinden unter die Arme greift

1976/77 wurde in Hagenheim mit vielen freiwilligen Helfern der Kinderspielplatz angelegt und belegte bei einem Wettbewerb der Regierung von Oberbayern den ersten Platz. Die Gemeinde stellte dafür 5.000 DM zur Verfügung. Über folgendes Ereignis verfasste der Hofstetter Bürgermeister Anton Probst später diese Niederschrift:
„Erstaunt war ich aber, als die Gemeinde Ende 1979 von der Regierung einen Betrag von 10.000 DM für den Spielplatz in Hagenheim erhielt. Nachdem die Kosten in dieser Höhe nicht angefallen waren, berichtete ich Landrat Müller-Hahl davon.
Er meinte, dass die Gemeinde den Zuschuss doch vorläufig behalten solle. Etwas später bat ich den Abgeordneten Thomas Goppel, er möge doch bei der Regierung nachfragen, ob hier ein Irrtum unterlaufen sei …

… Nach einem halben Jahr bekam ich eine Vorladung vom zuständigen Regierungsdirektor. Dieser legte mir eine schriftliche Aufforderung vor zur Rückzahlung des vollen Zuschussbetrages zuzüglich der bis dahin angefallenen Zinsen. Damit war ich natürlich nicht einverstanden und erklärte deshalb, dass ich diesen Sachverhalt einem der Minister der Staatsregierung vortragen werde. Als der Beamte mein Vorhaben bezweifelte, sagte ich, er solle doch die Sekretärin vom Minister Jaumann anrufen und nachfragen, ob ich dort bekannt sei.
Daraufhin kam die Wende: Er schlug vor, dass eine Liste über die angefallenen Kosten mit der Endsumme von etwa 50.000 DM aufgestellt und vorgelegt werden sollte. Mit Hilfe der Hagenheimer haben wir die Ausgaben geschätzt und eine Endsumme von 63.000 DM* zusammengebracht. Mit dieser Liste fuhr ich wieder nach München. Der Regierungsdirektor erklärte daraufhin die Sache als erledigt und lud mich in die Kantine zu einer handfesten Brotzeit ein."

*Die detaillierte Liste über 62.946 DM liegt der Redaktion vor!

Der Ballon

Er gehört schon fast dazu,
wie er so mit Seelenruh´
über unsre Häuser schwebt
unsren Blick zum Himmel hebt.

Zu hören nur vom Gas das Rauschen
würden gerne wir jetzt tauschen
mit denen, die im Korbe stehn
und unser Dorf von oben sehn.

Die Sehnsucht gibt's, da möchte ich wetten
in Hagenheim und in Hofstetten.
Seit Jahren ist er nun schon Tradition
Der gelb rot blaue Heißluftballon.

Vom Lechhansl

Im Pfaffenwinkel ist der Kirchenmaler des bayerischen Rokokos Johann Baptist Baader aus dem 18. Jahrhundert vor allem unter dem Namen „Lechhansl" bekannt. Um den aus Lechmühlen stammenden Müllersohn ranken sich einige deftige Geschichten, von deren Wahrheitsgehalt Historiker nicht unbedingt überzeugt sind. So auch diese, dass er –ob seiner ausgiebigen Liebe zum Bier- manch einem Wirt die Zeche schuldig blieb und sie mit seiner Malkunst anschließend beglich. So erklärt der Volksmund auch die beiden Heiligenbilder am Salger-Anwesen in Hofstetten. Zwar ist es schon verwunderlich, dass die Fassade einer Dorfwirtschaft, die das Salger-Anwesen ja einst war, Bilder der Hl. Maria Magdalena und des Apostel Petrus schmücken. Allerdings könnte der Spruch, der in der Bibel an die dreimalige Unwahrheit des Apostels Petrus erinnert, durchaus auf die Volksmundüberlieferung passen: „Und abermals krähte der Hahn!"

Das Stoßgebet

Auch wenn das neue Feuerwehrlöschfahrzeug bereits seit über einem Jahr in der Garage des Hofstetter Feuerwehrhauses verweilte und der Gerätewagen des Bauhofes längst im Einsatz war, sollten die Gemeindefahrzeuge nicht ohne den göttlichen Segen ihre Arbeit für unsere Dörfer verrichten.

Endlich war es soweit. Feierlich mit allem, was zu einem richtigen Feuerwehrfest dazu gehört, sollte nun auch das neue Feuerwehrauto die entsprechende Weihe bekommen.

Nach dem morgendlichen Weckruf, dem Kirchenzug und dem Gottesdienst griff der Pfarrer endlich zum Weihwasserkessel, um den neuen Gemeindefahrzeugen – begleitet von den besten Wünschen für ein hilfreiches und unfallfreies Schaffen – den kirchlichen Segen zu geben. Während die vielen anwesenden Kinder sich schon auf die Nachmittagsveranstaltungen freuten, dem ein oder anderen Kirchenbesucher gedanklich schon der anschließende Ochsengrillbraten am Gaumen schmorte, sendeten einige aktive Hofstetter Feuerwehrleute mit gefalteten Händen wohl ein besonderes Stoßgebet zum Himmel:

„Herr, lass niemals zu, dass unserem neuen Fahrzeug bei einem Feuerwehreinsatz das Benzin ausgeht, wie das unseren Hagenheimer Kameraden im vergangenen Jahr passiert ist!"

Eine notwendige Feuerwehrübung!

Die neue Wasserleitung zu den beiden Gemeindeweilern veranlasste die Hagenheimer Feuerwehr in Grünsink eine Feuerwehrübung abzuhalten. In voller Montur und ausgestattet mit aller Gerätschaft, die zu einem möglichen Einsatz dort draußen notwendig ist, rückte man aus. Die Schläuche wurden ausgerollt, die Verteilerpumpe an den Hydranten angeschlossen und jeweils zwei Mann an die spritzbereiten Schläuche verteilt. Allerdings machte die Pumpe keinen Mucks und schnell war klar, dass die Batterie leer war. Gott sei Dank gab es einen Grünsinker Bewohner, der mit Auto und Überbrückungskabel aushalf und so die Pumpe zum Laufen brachte.

Kaum aber hieß es „Wasser marsch!" da ließ der weite Wasserstrahl eines der Spritzkommandos schlagartig nach, weil es den Schlauch zerriss. Der Wasserdruck vom Hagenheimer Abzweig in die beiden Weiler war so hoch, dass die Feuerwehrschläuche ihm nicht standhielten.

Womit die Hagenheimer Feuerwehr den Beweis erbrachte: Feuerwehrübungen vor Ort sind trotz exzellent ausgebildeter Feuerwehrmänner unbedingt notwendig.

Über einen Grabstein

Wenn der kleine Heinrich Ende der 50er Jahre von Grünsink nach Hofstetten gelaufen ist, führte ihn sein Weg über den „steinernen Steg" mit dem ein offener Drainagegraben überbrückt war. Erst Jahrzehnte später verstand der Heinrich, warum seine Mutter und seine Großmutter den Steg immer „Grabstein" nannten.

„1903 erlag Georg Stricker am Allerheiligentag auf dem Heimweg von Hofstetten im Alter von 64 Jahren einem Herzschlag. An der Stelle seines Todes stellte man einen Gedenkstein auf, der später als Brücke über einen Wassergraben zweckentfremdet wurde."*

Georg Stricker war der erste Bewohner von Grünsink und Heinrichs Urgroßvater.

Der Gedenkstein, der mit der Rückseite nach oben als Brücke diente, so dass Heinrich die Inschrift nicht entdecken konnte, ging leider im Zuge der Flurbereinigung 1965/66 verloren.

aus den Hofstetter Hausbeschreibungen von Pius Seefelder

Der Nikolaus ist nicht der Weihnachtsmann!

Als Christa, die Hagenheimer Wirtin, noch eine junge Mutter war, ärgerte sie sich darüber, dass in manchen Familien der Nikolausbesuch in einen übermäßigen Geschenkerausch ausartete. Kurzer Hand organisierte sie für den 6. Dezember eine Nikolausfeier in ihrer Gaststätte. Alle Hagenheimer Kinder waren eingeladen. Ein Nikolaus wurde bestellt und die Eltern der Kinder schrieben ein paar Sätze über ihr Kind für das goldene Nikolausbuch auf. Mit großen Augen saßen die Kinder brav und gespannt in der Gaststube und warteten auf den Heiligen Mann, der immer auch von seinem Knecht Ruprecht begleitet wurde. Nachdem der Nikolaus alle Kinder einzeln aufgerufen und Lob und Tadel an sie verteilt hatte, bekam jedes Kind eine Nikolaustüte. Da waren außer einem Schokoladen-Nikolaus, eine Orange, ein Apfel, eine Mandarine, ein Lebkuchen und eine Hand voll Nüsse drin, denn der St. Nikolaus brachte der Sage nach armen Kindern etwas zu essen und keine Weihnachtsgeschenke.

Hagenheims nachdenkliches Wahrzeichen!

Wie jeder mich schon lange kennt,
Stand stolz ich einst ganz prominent,
Am Straßenrand sehr hübsch und klein
Als Wahrzeichen von Hagenheim.

Zu jeder neuen Jahreszeit,
Zog ich mir an ein neues Kleid.
Die Lärchen halfen mir dabei,
Mich rauszupellen- wie aus `nem Ei.

Der Hagel schadete mir sehr,
Wahrzeichen war ich dann nicht mehr.
In Lumpen stand ich nur noch da
Und träumte, wie es früher war.

Mein Dach mit Plastikplanen voll bepackt,
Die Westseite schwarz-grau und nackt!
Stand ich mit traurigem Gesicht,
Einladend war das wahrlich nicht.

Es war mir wirklich Angst und Bang,
Wie `s alte Pfarrhaus wär`s nun mein letzter Gang,
Wähnte mich schon bei ihm im Abriss-Himmel,
Doch wieherte nur der Ämter Schimmel.

Wer kommt denn da entlang dem Wege
Sieh einmal an: Die Denkmalpflege
Auch sie hat endlich mal kapiert
Ein Kleinod g´hört schnell restauriert!

Doch auch ich sollte schön langsam wissen,
dass viele unterschreiben müssen,
bis man die Entscheidung fasst
und auch die letzte Dachplatt' passt.

Der Sommer brachte nun die Wende,
Die Gruselzeit scheint bald zu Ende.
Den bangen Traum kann ich vertreiben,
Ich darf in Hagenheim wohl bleiben

Ein unheimlicher Gast

Es war an einem Novemberabend. In Christas Gaststube saßen an zwei Tischen die Hagenheimer Stammgäste beim abendlichen Bier.

Da stand plötzlich ein fremder Gast in der Stubentüre. Man hätte meinen können, es sei der Boandlkramer. Ganz schwarz gekleidet, dunkle Haare unter dem schwarzen Hut und ein aschfahles, bleiches Gesicht mit tiefliegenden dunklen Augen.

Grußlos setzte er sich an einen Ecktisch an der Wand und bestellte zwei dunkle Bier und einen Wurstsalat. „Trinken S' halt zuerst mal ein Bier!" schlug Christa, die Wirtin, vor. Er wiederholte: „Zwei dunkle Bier!" Dann trank er, aß und machte immer wieder Notizen in ein kleines schwarzes Büchlein.

Als nur noch einer der Stammgäste vor seinem letzten Schluck Bier saß, hatte der unheimliche Gast seinen Platz immer noch nicht verlassen. Christa bat den Hagenheimer, solange zu bleiben, bis der ihr unheimliche Gast bezahlt hatte und auch gegangen war, denn ihr Michl war mit dem Bus unterwegs und die Übernachtungsgäste waren Arbeiter, die längst in ihren Zimmern waren.

Als Christa alles in der Gaststube aufgeräumt hatte und gerade dabei war, sich in ihrem Schlafzimmer ins Bett zu begeben, klopfte es plötzlich heftig an ihrem Fenster. Sie sah hinaus, da stand der unheimliche Gast und bat, ihn nochmals einzulassen, er hätte seinen Schlüssel wohl liegen lassen.

Christa sah in der Gaststube nach und rief hinaus, es sei kein Schlüssel da. Sie löschte das Licht und legte sich ins Bett, da klopfte der Gast wieder, aber wesentlich heftiger als vorher.

Sie solle ihm öffnen, er habe den Schlüssel wohl in der Toilette verloren. Christa stand auf, weckte einen der Arbeiter und bat ihn die Gasthaustüre zu öffnen. Erschrocken fuhr der unheimliche Gast zusammen, als er den wuchtigen Arbeiter in der Türe stehen sah. Christa beobachtete durch den Türspalt, dass der Unheimliche in der Toilette gar nicht nach dem Schlüssel suchte.

Als er herauskam schrie sie ihn wutentbrannt an: „Jetzt schleich' Di, sonst zieh ich Dir eine mit dem Ochsenfiesl drüber!"

Der unheimliche Gast rannte hinaus, sprang in sein Auto und verschwand. Den Schlüssel hatte er wohl in seiner Manteltasche.

8. Liebesgeschichten

Und da ist ja auch noch die Liebe!
Überall schreibt das Leben täglich neue Liebesgeschichten. Hätte der Chronist darüber Buch zu führen und zu berichten, er hätte eine Lebensaufgabe gefunden und zu tun, ohne je ans Ende zu kommen.
Nun gibt es aber auch Liebesgeschichten, über die es sich tatsächlich lohnt zu berichten, weil sie unerwartet, ungewöhnlich oder vielleicht zu tiefst berührend sind.
Manchmal aber hat Amor mit seinem Pfeil nicht nur in zwei Herzen getroffenen, sondern ein ganzes Geschwader von Pfeilen losgeschickt, um so einigen den Kopf zu verdrehen, die eigentlich gar nicht damit gerechnet haben, in Amors Flugbahn zu geraten.
Dann ist es die Pflicht des Chronisten zum Stift zu greifen, um fest zu halten, welch´ wundersame Blüten die Liebe treiben lassen kann.

Wie Hagenheim zu einem Bürgermeister kam

Clemens´ Bruder war in den 50er Jahren des letzten Jahrhunderts der
Erbe des elterlichen Hofes in St. Georgen. Als dieser heiratete, war
Clemens plötzlich im Weg und es war ihm klar, er musste
schnellstmöglich sein Elternhaus verlassen. Ihm war zu Ohren
gekommen, es betreibe in Hagenheim eine unverheiratete Frau einen
landwirtschaftlichen Hof. Als Mann der schnellen Entschlüsse setzte sich
Clemens auf sein Fahrrad und strampelte nach Hagenheim. Der Hof, das
stellte er beim Vorbeiradeln fest, war im ausgezeichneten Zustand und
entsprach durchaus seinen Vorstellungen.

Nun stellte er sich die Frage, wie er denn Kontakt zu der Hagenheimer
Bäuerin aufnehmen könnte. Er radelte kurzer Hand weiter Richtung
Landsberg bis zum Lengenfelder Wald. Dort ließ er die Luft aus seinem
Hinterreifen raus und schob das Fahrrad bis zum Hof der
Hagenheimerin, klopfte an und bat die schöne Frau um eine Luftpumpe.
Bereitwillig und gastfreundlich bot die Bäuerin dem gutaussehenden
Radler ihre Hilfe an. Clemens war durchaus klar, dass ihm genau die
Zeitspanne des Luftaufpumpens seines Hinterrades blieb, um das Herz
dieser schönen Bäuerin zu gewinnen. Dies gelang ihm ohne Probleme.
Aber nicht nur die Hagenheimer Bäuerin war vom Clemens beeindruckt,
alle Hagenheimer mochten diesen „St.Georgener" und wählten ihn für
zehn Jahre zu ihrem Bürgermeister.

Der Hof der schönen Bäuerin

Der arme Bürgermeister von Hagenheim

Von 1948 bis 1958 war Clemens Dankl Bürgermeister von Hagenheim. Die Gemeinde war noch selbstständig und die Einwohnerzahl hatte sich in den Nachkriegsjahren um die Hälfte erhöht. (von 200 auf 300 Einwohner!) Der Bürgermeister hatte sein Ehrenamt meistens Samstag und Sonntag abends auszuüben, weil er und seine Bürger werktags zu arbeiten hatten.

Für seine Arbeit als Bürgermeister erhielt Clemens Dankl 70 DM monatlich, vorausgesetzt, er stellte der Gemeinde in seinem Haus das Amtszimmer zur Verfügung, erledigte alle Schreib- und Büroarbeiten selbst und übernahm auch das Amt des Standesbeamten.

Zur Hand ging ihm nur der Gemeindekassier Rudolf Strobl, der für die Kassenführung und Buchhaltung der Gemeinde (incl. Haushaltsplanerstellung und Jahresabrechnung) 35 DM monatlich bekam.

Dem Bürgermeister wurden für Sitzungen im Landratsamt 10 DM zugestanden (Verdienstausfall!). Da dem Clemens Dankl seine arme Gemeinde aber so am Herzen lag, verzichtete er auf 50% dieses Verdienstausfalles und ließ sich immer nur 5 DM auszahlen.

Dein alter Onkel Leander

1942 ist Ursula als 7-jährige aus dem Ruhrgebiet evakuiert worden und fand bei den Geschwistern Franziska und Leander Glogger in Hofstetten für drei Jahre einen „Elternersatz", von dem sie heute noch schwärmt:
„Die beiden waren so liebe Menschen, die mich mein ganzes Leben geprägt haben und die ich fest in meinem Herzen habe!"
Ursula erinnert sich gerne daran, dass alle Kinder in Hofstetten nach dem Schlittenfahren am Leitenberg erwartungsfroh zur Fränzi gingen, um
„Kripperl" zu schauen und „Honiglaiberl" zu essen.
Die vom Leander Glogger selbstgemachten Krippenfiguren aus Wachs kannte jedes Kind in Hofstetten.

Aus dem Poesiealbum von Ursula:
„Gedenke mein
Wenn Du den Blick auf diese Zeilen wirfst.
Und ich schon längst im Grabe lieg
Vermodert und vergessen.
Dein alter Onkel
Leander Glogger,
Hofstetten den 9.11.1944"

Der gerettete Jesus

Im Zuge der Flurbereinigung in den 70ger Jahren des letzten Jahrhunderts wurden von vielen Wiesen die Feldkreuze entfernt. Die meist gusseisernen Christusfiguren, die zum Teil schon Rost angesetzt hatten, wurden entsorgt. So kam es, dass beim Johann Solygan auf dem Schrottplatz in Hofstetten ein ganzer Berg Gekreuzigter zum Verschrotten lag.

Heinrich Hipp, der zwischen Grünsink und Hofstetten eine Linde und ein Wegkreuz in seiner Wiese aufstellen wollte, erinnerte sich an die vielen Corpi beim Solygan und konnte eine der Jesusfiguren, die ihm besonders gut gefiel, retten. Er entrostete die Figur, ließ sie verzinken und bei einem Pürgener Maler bemalen, bevor er sie am Wegkreuz befestigte.

Hans Maier, der in München eine Eisengießerei betrieb und in Grünsink lebte, bot an, nach dem Vorbild des „geretteten Jesus" eine Bronzefigur zu gießen. Heinrich Hipp freute sich über das wertvolle Duplikat, und tauschte die unbemalte Bronzefigur mit der farbigen, gusseisernen Figur aus.

Bis 2013 hing der bronzene Gekreuzigte am Wegkreuz zwischen Grünsink und Hofstetten. Das Kreuz musste erneuert werden und aus Sorge, die wertvolle Figur könnte gestohlen werden, tauschte nun sein Sohn, Armin, die Figur wieder aus. Denn der „gerettete Jesus" war selbstverständlich nicht wieder auf dem Schrottplatz gelandet, sondern sorgfältig auf dem Dachboden bewahrt worden. Und so kann nun jeder wieder den „geretteten Jesus" am Wegkreuz zwischen Grünsink und Hofstetten in seiner Farbenpracht bewundern

Ein kluger Schachzug!

Irgendwann 1964 waren die achtjährige Uschi Englisch und ihr Bruder Horst verbotenerweise zu zweit auf dem Fahrrad ihres Vaters in Lengenfeld unterwegs. Ohne zu schauen und Zeichen zu geben bog der Horst links in den Osteranger ein, direkt vor dem nagelneuen grünen Mercedes des Versicherungsinspektors Christian Kaindl aus Hofstetten. Trotz Vollbremsung des Hofstetters kam es zur Karambolage, die beiden Kinder lagen leichtverletzt auf der Straße, Vater`s Fahrrad war nur noch Schrott wert und Christian Kaindls neuer Mercedes hatte erhebliche Schäden.

Der Hofstetter Versicherungsinspektor kümmerte sich um die verletzten Kinder, brachte Horst zum Arzt und Uschi nachhause. Schnell wurde ihm klar, dass er von Vater Englisch, einem aus dem Sudetenland vertriebenen, redlichen Arbeiter mit vielen Kindern, keinen Schadenersatz für seinen neuen Mercedes erwarten konnte. Zudem war Herr Englisch auch nicht versichert.

„Englisch, kannst du Schach spielen?", fragte Kaindl den verzweifelten Vater.

„Ja, warum?"

„In Hofstetten mangelt es mir an richtigen Schachgegnern! Du kommst ein halbes Jahr jeden Sonntagabend zu mir zum Schachspielen, dann ist der Schaden am Mercedes beglichen!"

Die beiden wurden sich schnell einig. Vater Englisch fuhr nicht nur 26mal nach Hofstetten, um mit Christian Kaindl Schach zu spielen, die Freundschaft hielt bis hin ans Grab.

Unsere Lehrerin, die Maria

Als 1948 die Schule in Hagenheim nach zwölf Jahren wieder geöffnet wurde, war die junge Maria Dietrich aus Weil die erste Lehrerin. Sie war noch nicht einmal ganz fertig mit ihrer Ausbildung, als sie die Schüler der ersten bis zur achten Klasse in Hagenheim zu unterrichten hatte.
Maria war nicht nur eine gute Lehrerin, sie war auch eine sehr gut aussehende Lehrerin. Den älteren Schülern behagte dies ganz besonders und sie gingen von nun an sehr gerne zur Schule.
Mitten im Unterricht geschah es nun, dass diese hübsche junge Lehrerin plötzlich die Augen verdrehte, Krämpfe bekam und hinter dem Pult zu Boden sackte.
Alle älteren Jungs waren sofort aufgesprungen und zu ihrer Lehrerin nach vorne gelaufen. Diese lag verkrampft und bewusstlos auf dem Boden.
Gemeinsam packten die Jungen ihre Lehrerin an und hoben sie auf den Stuhl, nicht ohne ihr den Rücken, die Arme und das Gesicht zu massieren. Maria Dietrich kam schnell wieder zu sich, bedankte sich bei den Jungs und fuhr mit dem Unterricht fort.
Seither fehlte keiner der älteren Jungs mehr im Unterricht, von der heimlichen Hoffnung getrieben, ihre schöne Lehrerin würde wieder einen Anfall bekommen. Was auch noch einige Male geschah.
Geheiratet hat die Maria aber dann den Josef Gotthard, den Lehrer von Finning, der dann sogar Direktor an der Hagenheimer Schule wurde.

Eine landwirtschaftliche Liebesgeschichte

Pius Weber sollte 1947 eigentlich aus der amerikanischen
Gefangenschaft in Rosenheim entlassen werden. Aber statt nach Hause
nach Hofstetten zu kommen, landete er in Frankreich als
landwirtschaftlicher Zwangsarbeiter. Auf einem Hof in Pougy,
hundertfünfzig Kilometer südöstlich von Paris hatte er zu arbeiten und
begegnete dort der Tochter des Landwirts: Ginette.
1948, ein Jahr später wurde er entlassen und ging zurück nach
Hofstetten. Ginette aber konnte er nicht vergessen. Die beiden
schrieben sich Briefe. Keine Liebesbriefe beteuert Ginette heute noch.
Es waren „landwirtschaftliche Briefe" - pro Jahr drei Briefe, denn das
Porto war teuer!
In Hofstetten hatten einige Mädchen ein Auge auf den stattlichen Pius
geworfen. Freundlich lehnte dieser aber alle Werbungen ab und verlor
kein Wort darüber, warum er sich um keines der Mädchen bemühte.
1958 begab sich Pius dann auf die Reise nach Pougy und machte seiner
großen Liebe Ginette einen Heiratsantrag. Trotzdem man sich vor nicht
allzu langer Zeit noch als Feind gegenüberstand, war man in Pougy und
auch in Hofstetten am 18. April 1959 über die Hochzeit hoch erfreut.
Ginettes Vater sagte zu seiner Tochter: „Wenn du den Pius heiraten
willst, dann wirst du weit weg sein von uns und wir können dir nicht
helfen, wenn du uns mal brauchst. Aber wenn du ihn liebst, meinen
Segen hast du!"
Ginette heute: „Ich bin in eine gute Familie gekommen. Hier in
Hofstetten hat mir niemand je ein schlechtes Wort gesagt." Und dann
erzählt sie: „Die Sprache war nicht das Problem! Das Kochen war es!
Zopf schon zum Frühstück? Gugglhupf und Apfelstrudel backen und
dann erst das bayerische Mittagessen! Aber in meiner Schwiegermutter
hatte ich eine gute Lehrmeisterin!"

Ginette und Pius 1959

Ginette 2022

9. Offiziell und unumgänglich

Im Zusammenleben der Menschen gibt es immer Dinge, die geregelt, verordnet oder einfach bekannt gemacht werden müssen. Je nachdem, welche Tragweite hinter solchen Beschlüssen steht, reagieren die Angesprochenen gelassen, verständnisvoll, aufgeschreckt oder gar empört.
Wenn plötzlich allen Hundebesitzern nachdrücklich vorgeschrieben wird, dass sie ihre Hunde beim Gassigehen anzuleinen haben, ist die Empörung bei ihnen groß, bei den Wildschützern dagegen ebbt die Empörung nach so einer Anordnung eher ab. Letztendlich aber siegt meist die Vernunft und man richtet sich auf die neue Situation ein.

Und gar nicht mal so selten regelt der Fortschritt auch die Dinge, die lange Zeit als unumgänglich galten.

Als in Hofstetten der Wahlkampf tobte!

Es war wohl Anfang 1932. Seit 24 Jahren führte Michael Frank, der nicht mehr viel Lust zeigte, noch einmal zu kandidieren, als Bürgermeister die Hofstetter Gemeinde zur Zufriedenheit aller Hofstetter an. Aller Hofstetter? Nein, einige Bürger planten den „Putsch" in Hofstetten und so machte das nebenstehende Flugblatt im Dorf die Runde. Dabei zeichnete sich nicht ab, wer denn den amtierenden Bürgermeister ablösen sollte. Der bisher politisch nicht aktive Kreuzbauer Albert Graser sollte wohl gegen den Gemeinderat Leonhard Eder in den Ring steigen, um Michael Frank abzulösen. Wie es aber so ist, wenn sich zwei streiten, freut sich der Dritte: Denn die Wahl 1932 gewann der bisher nicht genannte Andreas Pfetterle!

Zur Gemeindewahl in Hofstetten.

Bürgermeister werden in Hofstetten möcht ein jeder;

Auch der Kreuzbauer und der Eder!

Darum erst recht wählt Frank;

Wenn auch die andern werden krank!

Er war uns 24 Jahr' stets ein guter Berater,

Darum wählt ihn wiederum zum Gemeindevater.

Ein Doktor für Hofstetten

von Dr. med. Susanne Holtz-Joas

Ein wunderschöner Altweibersommertag 1989 am Ammersee: Zwei junge Frauen mit ihren Kleinkindern machen einen Ausflug an das Westufer des Ammersees, denn die Ärztliche Kassenvereinigung Oberbayern hatte uns verraten, dass es dort zwei kleine Ortschaften ohne Hausarzt gäbe, nämlich Hofstetten und Finning.

Wir suchten das Wirtshaus auf und dort begrüßte uns vor dem Gasthof Zur alten Post der alte Herr Kaindl, bekannt im Dorf als Organist und Chorleiter. Er fragte sehr interessiert, was wir „Mädels" denn suchen. So kamen wir ins Gespräch und erzählten, dass wir einen geeigneten Ort für eine Hausarztpraxis suchten. Er lud uns ein, mit seinem schicken Mercedes eine Dorfrunde zu drehen. Damals stand die alte Schule gerade frei und er meinte, die könnten wir doch gleich beziehen. Er würde unser erster Patient sein.

Gesagt getan! Mit der ganzen Familie fuhren wir am nächsten Tag gleich wieder in das wunderschöne Dorf. Dort setzte sich mein Mann in der Gastwirtschaft zufällig neben Bürgermeister an den Stammtisch, wo gerade eine Runde gewattet* wurde. Zwischen Spitz, Belle und Max kamen auch die Männer schnell ins Gespräch. Und der Bürgermeister wollte wissen, was uns hierher verschlug. Kurz informiert, lud er uns gleich zur Gemeinderatssitzung in der folgende Woche ein und nach ausführlicher Berichterstattung über unsere Ausbildung und Erfahrung stimmte der Gemeinderat einstimmig darüber ab, uns ein günstiges Grundstück zu verkaufen. Das war im Oktober 1989. Am 1.7. 1990 eröffneten wir unsere Praxis in der Schulstraße, wo wir uns sehr wohl fühlen, unsere drei Kinder großzogen und unserer schönen Tätigkeit als Familienärzte nachgehen.

Und wie das bei Männern halt oft so ist, schickte Herr Kaindl zuerst mal seine Frau in unser provisorisches Sprechzimmer in der alten Schule.

„I hob ja erscht mal schaugn miassn, ob die Doktors a g'scheid arbatn!"* entschuldigte er sich später, als auch er sich in unsere Praxis traute.

*Watten ist ein typisch bayerisches Kartenspiel
* „Ich habe zuerst einmal prüfen müssen, ob die Doktoren auch korrekt arbeiten!"

Romadur aus Hofstetten

Neben Butter und Camembert war der Romadur eine Spezialität, die in der Molkerei in Hofstetten hergestellt wurde. Unter dem ersten Vorstand Anton Abenthum gründeten 40 Genossen am 13. Februar 1912 die „Molkereigenossenschaft Hofstetten", die im Jahr 1930 mit 88 Landwirten* ihre höchste Mitgliederzahl erreichte und am 31.12.2001, also 89 Jahre nach ihrer Gründung aufgelöst wurde.

Mit Milchschaff und Kannen musste die Milch jeden Tag zweimal zur Molkerei geschoben werden. In der Früh erledigten die Arbeit meistens die Kinder vor der Schule, am Abend jedoch oft die Alten, weil sich dabei meistens eine gute Gelegenheit fand, das Neueste aus der Gemeinde und der Umgebung zu erfahren. So konnte es schon mal vorkommen, dass das Milchschieben bei Manchem länger dauerte als die ganze Stallarbeit. Vor allem zu den Zeiten wichtiger Veränderungen und Erneuerungen, wie etwa die Flurbereinigung, war dieser Marktplatz für Meinungen, Nachrichten und Ratsch äußerst gefragt.

Am 1. Juli 1984 kam das Aus für das abendliche Treffen, denn nun wurde die Milch mit dem LKW direkt von den Höfen abgeholt.

Im Jahr 2023 gab es in Hofstetten gerade noch einmal fünf landwirtschaftliche Höfe mit Milchbauern im Vollerwerb.

Wer hat an der Uhr gedreht?

Das ist nicht die einzige Frage, die man den Turmuhrbeauftragten in Hagenheim fragen sollte, wenn man überraschende Antworten bekommen möchte:

Die Fragen „Wer hat denn den Balken angesägt?" oder „Wem gehört die Kirchturmuhr?" gehören ganz sicher dazu. Hier sind die Antworten: Benedikt Berchtold dreht die Uhr deshalb so, dass sie zwei Minuten vorgeht, damit der mechanisch angetriebene Stundenschlag nicht dem per Funk gestarteten Angelusläuten in die Quere kommt und damit wohl ins Leere schlagen würde.

Das mechanische Uhrwerk wird mit Gewichten betrieben, die mit Drahtseilen jeweils um sechs Uhr wieder nach oben gezogen werden. Ein Seil ist einem Balken zu nahegekommen und sägt diesen täglich ein Stück weiter ein.

Die Uhr gehört der Gemeinde, die Glocken auf die das Uhrwerk schlägt sind Eigentum der Kirche. Die Hagenheimer Kirchturmuhr dient also zwei Herren.

Und es gibt noch eine ganze Menge weitere Fragen wie z.B.: „Was machen denn die Gartenzaunspanndrähte am Hagenheimer Turmuhrwerk?" „Was für eine Funktion hat eigentlich die Königswelle?" oder „Warum ist gerade die Hagenheimer Turmuhr etwas ganz besonderes?"

Der Turmuhrbeauftragte Benedikt
Berchtold und eine interessierte Besucherin

Der Sportplatz im Westen von Hofstetten

Der Fußballplatz von Hofstetten befand sich bis in die 60ger Jahre des letzten Jahrhunderts auf dem landwirtschaftlichen Hipp-Anwesen. Um auf den Platz zu gelangen, galt es stets für Spieler und Zuschauer den hippschen Misthaufen zu passieren. Die Umkleidekabinen waren wenig luxuriös im Stall des Landwirts untergebracht. Auch den Platz selbst prägte eine exklusive Besonderheit: Der westliche Strafraum stieg ab der Mitte extrem bergan. Da eine Modernisierung beim Hipp nicht möglich war, machten sich die beiden Konrads -Scherdi und Epple- auf die Suche nach einem geeigneten Platz und wurden im Buchgarten fündig. Die Umgehungsstraße gab es damals noch nicht und so brüteten die beiden Gemeinderäte dort über eine Sportplatzlösung nach und erzählten es auch weiter.

Es dauerte nicht lange, da hielt vor dem Lebensmittelladen vom Epple Konrad ein Mercedes. Landrat Müller-Hahl persönlich stürmte ins Ladengeschäft und befal im barschen Ton: „Epple, da hock di nei ins Auto!" Und schon brauste er los an den Westrand von Hofstetten, stieg aus und zeigte dem Epple Konrad das unbebaute Gelände des jetzigen Sportplatzes. „Daher müsst ihr den Sportplatz bauen!" Konrad Epples Einwand, das sei eine ewig nasse Wiese, ließ er nicht gelten und begründete seinen Vorschlag, denn es war zu jener Zeit eine Gemeindereform in Planung.

„Da muss der Sportplatz her, weil ihr miasts eich die Hagenheimer herholen! Die Finniger kriagts ihr nia!"

Und er legte noch nach: „Da bauts an Platz und a gscheits Haus dazua und koan so an Hennastoi* wia de Lengenfelder!"* Und so geschah es dann ja auch.

*Hühnerstall

Die Glocken von Hagenheim

Wie alle Gemeinden in Deutschland musste auch Hagenheim 1941 die Glocken für kriegswichtige Zwecke vom Kirchturm holen. Die kleinste der drei Glocken durfte bleiben, die beiden großen wurden abgeholt. Nach dem Krieg, holte man die ganz kleine Glocke von der Kapelle in die Kirche runter, um wenigstens mit zwei Glocken läuten zu können.

In den 50ger Jahren, Hofstetten und Hagenheim waren noch selbständige Gemeinden, bekam Hofstetten ein neues Geläut und man vermachte die alte Glocke der Nachbargemeinde Hagenheim. Nun hatte man wieder zwei Glocken und konnte die kleine „Bimmel" wieder in der Kapelle aufhängen.

Einige Jahre später, es muss im Jahr 1965 gewesen sein, entschied man im Hagenheimer Gemeinderat alles daran zu setzen, die Kirche wieder mit drei Glocken auszustatten. Es sollten neue Glocken sein und sie sollten elektrisch bedient werden können. Dazu musste aber das notwendige Geld aufgetrieben werden. Eine Spendenaktion, verschiedene Zuschüsse und natürlich der Gemeindesäckel ließen den Wunsch 1967 wahr werden.

Am 7. Dezember 1967 machte sich ein ganzer Omnibus voll Hagenheimer auf den Weg nach Passau, um dabei zu sein, wie in einer Glockengießerei die Hagenheimer Kirchenglocken Gestalt annahmen. Am Heiligabend desselben Jahres riefen die neuen Glocken dann das erste Mal die Hagenheimer zur Christmette.

Die Dorfmitt'n

Manch Wandrer hat eine simple Bitte:
„Wo ist in eurem Dorf die Mitte?"
Hast du die Antwort, die auch passt?
Für so 'nen interessierten fremden Gast?

Schickst du ihn -als guter Katholik
den Steig hinunter zur Kirch ein Stück?
Oder lenkst Du seine Schritte
Zum Maibaum hin: Das sei die Mitte?

Das Waaghäusl könnt die Mitte sein,
doch wäre diese ziemlich klein.
Oder wird von dir geführt
der Fremde hin zum Löwenwirt?

Egal wohin wir ihn verfrachten,
sensibel sollten wir drauf achten,
dass unser Dorf auch Eindruck macht
mit heimatlicher, schöner Sach'!

Statt Teer und Kies vielleicht mehr Bauerngarten
Statt riesen Fensterscheiben eher Fensterladen.
'nen schönen großen Birnenbaum
statt einem dunkelgrauen Plastikzaun!

Nur so prägt sich beim Fremden ein:
„Schön ist's bei euch in Hagenheim!"

`s Wogheisl z´Hagham

Wer kennt es nicht, das schmucke, kleine Holzhäuschen direkt in der Kurve der Kreisstraße am Hagenheimer Pfarranger.

Von den Hagenheimern im Jahr 2000 liebevoll hergerichtet und renoviert, fristet das „Wogheisl" ein einsames Dasein, denn seit der Renovierung hat das Häuschen niemand mehr betreten. Der Schlüssel hängt seit 14 Jahren ungenutzt beim Clemenz Dankl. (heute im Gemeindehaus)

1928 wurde es an der Stelle errichtet, an der es heute noch steht. Damals ist jeder Bauer mit seinem Vieh dort hingegangen, um es wiegen zu lassen, wenn er es verkaufen wollte. Die Waage wurde jedes Jahr geeicht, so dass Verlass war auf das, was der Wiegemeister aufschrieb.

Die Gemeinde betrieb das „Wogheisl", die Landwirte zahlten fürs Wiegen und der Wiegemeister bekam davon sein Honorar. 1979 sah das so aus: 39mal musste der Wiegemeister Rudi Strobl im „Wogheisl" seines Amtes walten. Die Landwirte zahlten dafür insgesamt 58 DM (ca. 29 €), der Wiegemeister bekam 38,75 DM (ca. 19,38 €) Jahreshonorar und die Gemeinde „verdiente" 19,25 DM (ca. 9,87 €)

Heute ist das „Wogheisl" ein stummer Zeuge einer vergangenen Zeit. Längst hat jeder Viehhändler eine digitale Waage an seinem LKW und in den Schlachthöfen wird nach dort gewogenen Ergebnissen bezahlt.

Die Bauern untereinander aber glauben sich und bezahlen meist einen nach Augenschein verhandelten Preis mit Handschlag.

Das gelbe Band

Als achtjähriger Bub haben mich die dunkelroten Kirschen im Garten unserer Nachbarin ganz besonders fasziniert. Irgendwann konnte ich der Versuchung nicht mehr widerstehen, habe zusammen mit meinem Bruder unseren Gartenzaun überwunden und mich mit ihm im Geäst des Kirschbaumes gemütlich eingerichtet. Wohl wissend, dass uns die über achtzigjährige gebehinderte Nachbarin nicht gefährlich werden könnte, wiederholten wir unsere Besuche im prallgefüllten Kirschbaum nahezu täglich. Dann belauschten wir ein Gespräch unserer Nachbarin mit einem anderen Nachbarn, der uns bei ihr anschwärzte, weil er uns offenbar beobachtet hatte. „Warum", sagte darauf die alte Frau, „glauben Sie, lasse ich das Gartentürchen immer offen? Einzig damit die Kinder hereinkommen können und die Kirschen klauen können oder soll ich sie vielleicht am Baum verfaulen lassen?"

Hätte unsere Nachbarin die Bedeutung des gelben Bandes gekannt, wir wären wohl einige Tage vorher im Baum gesessen und hätten der Mutter auch manch Kübelchen Kirschen für Marmelade nachhause gebracht.

Also aufgemerkt: Jeder Baum, um den in unserer Gemeinde ein gelbes Band gebunden ist, darf von jedem, der möchte, geerntet werden.

10. Hofstetten ist überall

Nun haben Sie hinter die Fensterscheiben unserer kleinen oberbayerischen Gemeinde geschaut. Und vielleicht haben Sie geschmunzelt und gelacht über die Kuriositäten, die sie hier serviert bekommen haben. Manchmal haben Sie sicher auch den Kopf geschüttelt und sich gefragt, wie „verrückt" die Leute in diesem kleinen Dorf in der Nähe vom Ammersee doch sein müssen. Aber sind sie wirklich so „verrückt", so ausgefallen, so ungewöhnlich und anders wie in all den anderen Dörfern oder Städten?

Nein, ganz sicher nicht. Überall, wo Menschen in einer Gemeinschaft zusammenleben, könnte man sicher ganz viele ähnliche Geschichten, Anekdoten und Unglaublichkeiten ausgraben, wenn es nur jemanden gäbe, der das Graben beginnt.

Und wie zufällig Sie hier in unsere kleine Gemeinde „nei g`schaut" haben, können Sie nun im letzten Kapitel lesen, denn Hofstetten ist überall! Zumindest könnte es überall sein!

Eine seltsam wundersame Begegnung

Man schrieb das Jahr 1977: In der Lechrainkaserne ließ der Feldwebel den frisch eingezogenen Rekruten Wolfgang Pfetterle strammstehen und befragte ihn zu seiner Person. Als dieser dem Feldwebel die Auskunft gab, dass er aus Hofstetten käme, schmunzelte der Feldwebel und meinte: „Heimweh werden Sie ja dann bei uns nicht haben, wenn Sie mit ihrem Kumpel Bernhard Neumeier in einer Stube wohnen!" Wolfgang Pfetterle stutzte und lies den Feldwebel wissen: „Ich kenne keinen Bernhard Neumeier! Das ist auch nicht mein Kumpel!" Der Feldwebel wurde ernst: „Erzählen Sie mir nicht, dass Sie den Neumeier nicht kennen. So groß kann ja Hofstetten nicht sein, dass man sich da nicht über den Weg laufen würde. Noch dazu, wenn man nahezu gleich alt ist." Rekrut Pfetterle versicherte noch einmal, dass er einen Bernhard Neumeier nicht kennen würde und sich auch nicht vorstellen könne, dass ein junger Mann mit diesem Namen in Hofstetten leben sollte.

Da auch der Soldat Bernhard Neumeier dem Feldwebel versicherte, in seinem Dorf gäbe es ganz sicher keinen jungen Mann mit Namen Wolfgang Pfetterle, glaubte der Feldwebel, er werde von den beiden auf den Arm genommen und meldete diese Ungeheuerlichkeit dem Bataillonshauptmann.

Dieser ordnete umgehend eine Gegenüberstellung an und dabei stellte sich heraus, dass Wolfgang Pfetterle aus dem Hofstetten im Landkreis Landsberg am Lech, Bernhard Neumeier jedoch aus dem Hofstetten im Schwarzwald stammte. Die beiden wurden dadurch tatsächlich sehr gute Freunde und begannen nachzuforschen, ob es denn noch weitere Hofstetten gäbe. Internet gab es damals noch nicht und so kramten sie in allerlei Archiven und wurden tatsächlich fündig. Zum ersten nationalen Hofstetten-Treffen 1983 wurden vier deutsche Gemeinden mit dem Namen Hofstetten eingeladen. Aber bereits 1985 gab es im

Schwarzwald ein „internationales" Hofstetten-Treffen, da das Hofstetten-Flüh aus der Schweiz mit von der Partie war. Heute werden zu den Hofstetten-Treffen elf Gemeinden aus Deutschland, der Schweiz und Österreich eingeladen und zusätzlich einige kleine Weiler, die sich mit dem Namen Hofstetten schmücken.

Nachbarschaftshilfe für „nicht mehr Nackte!"

An Auffahrt (unsrem „Christi Himmelfahrt") findet in Hofstetten-Flüh in der Schweiz jeweils der Banntag statt. Dabei wird in zwei unterschiedlich langen Strecken jeweils ein Teil der Gemeindegrenze (der „Bann") abgegangen (bei uns ist das der „Flurumgang"). Dieser Anlass wird im Turnus von den Vereinen durchgeführt. Ein Vereinspräsident begrüßte dabei in seiner Ansprache die alteingesessenen und zugezogenen Bürger seiner Gemeinde mit der Formulierung:

„Liebe Einwohnerinnen und Einwohner, liebe neu Angezogene!" Damit hatte er bereits bei seinen ersten Worten die Zuhörer ganz auf seiner Seite und prägte außerdem ein geflügeltes Wort in Hofstetten-Flüh.

Als die Hofstetter Musikkapelle zum Treffen beim „grünen Bödeli" einlud, suchte eine „Neu-Angezogene" verzweifelt auf der Straßenkarte von Hofstetten-Flüh nach dem „grünen Bödeli". In ihrer Not befragte sie mit dem Straßenplan in der Hand den alteingesessenen Nachbarn, wo sie denn das „grüne Bödeli" finden könne. Dieser lachte und klärte die hübsche „Neu-Angezogene" auf: „Das „grüne Bödeli" ist unser altes Schulhaus, denn bei dem haben wir den Boden im Eingangsbereich grün angestrichen."

Der Pfarrer holt die Leich´ nicht ab!

Im „lutherischen Hofstetten" in Churfranken wurden die wenigen Katholiken von der Kuratie Hausen mit betreut. Der Kuratus Ludwig Kunz, dem in den 1940ger Jahren in der Hausener Kuratie St.Michael die Seelsorge oblag, weigerte sich aber standhaft, den lutherischen Boden von Hofstetten zu betreten. Selbst wenn Kuratus Kunz zu Gesprächen die Mutterpfarrei in Kleinwollstadt aufsuchen musste, wählte er einen doppelt so langen Weg, um ja nicht seinen Fuß auf Hofstetter Boden setzen zu müssen. War es die Furcht vor dem Teufel oder „nur" die vor den Hofstetter Bürgern? Man weiß es nicht.

Hofstetten dagegen zeigte sich weltoffener. Sogar Feuerwehrkommandant konnte der katholische Mitbürger Helmut Schuch werden. Problematisch wurde es erst, als dieser 1949 plötzlich verstarb. Als Katholik sollte er auf dem Friedhof in Hausen beigesetzt werden. Da es zur damaligen Zeit in den Dörfern noch keine Leichenhalle gab, wurden die Toten vor der Beerdigung üblicherweise im eigenen Anwesen aufgebahrt und von dort in einer Prozession zum Friedhof geleitet. Dem verstorbenen Feuerwehrkommandanten Helmut Schuch erwies man durch öffentliche Aufbahrung vor dem Rathaus in Hofstetten mit einem Ehrenspalier von Feuerwehrkameraden die letzte Ehre. So also erwartete man Pfarrer und Ministranten aus Hausen. Es kamen jedoch nur drei Ministranten mit Kreuz, Weihwasserkessel und Weihrauchfass. Sie berichteten den verdutzten Hofstettern, dass Kuratus Kunz am Ortsausgang auf den Sarg wartet. Die Ministranten hatten den Auftrag bekommen: „Jetzt geht ihr runner und tut den Kerl hochholen!" Was blieb der Trauergemeinde anderes übrig: Sie setzte sich ohne Priester mit der Sarg-Lafette und Ehrengeleit in Richtung Hausen in Bewegung. Außerhalb Hofstettens wartete Kuratus Kunz und meinte, das Ehrengeleit sei nun nicht mehr erforderlich, da jetzt kirchliches Geleit gegeben werde. Die Feuerwehrkameraden ließen sich davon aber nicht abhalten, gingen weiter mit und trugen den Sarg in Hausen die 65 Stufen zum Friedhof hoch bis ans Grab.

Ob Kuratus Kunz den Friedhof, der von so vielen „lutherischen Hofstetter" betreten wurde, anschließend neu segnete, ist dem Chronisten nicht bekannt.

Hofstetter Kalendergeschichten

In diesem Buch haben wir eine Reise in die Seele einer kleinen Gemeinde in Oberbayern unternommen, die über ein Vierteljahrhundert gedauert hat. Die gesammelten Geschichten und Anekdoten, erzählen von einem Ort, der überall sein könnte, an dem die Zeit stillzustehen scheint und die Menschen noch immer eng miteinander verbunden sind.

Es war eine Reise, durch die Augen und Herzen aller jener, die ihre Erlebnisse, Anekdoten und Fotografien mit uns geteilt haben. Jede einzelne Erzählung hat dazu beigetragen, dass unser jährliche Dorfkalender zu einem Schatz geworden ist – ein Spiegelbild unseres Dorflebens, das in den Herzen unserer Bewohner und an den Wänden unserer Häuser widerhallt und nun in diesem wundervollen Buch zusammengefasst ist.

Über die Jahre hinweg haben wir in Dorfkalendern diese Geschichten festgehalten, um die bunten Facetten unseres Lebens hier für kommende Generationen zu bewahren. Sie erzählen von der Wärme der Gemeinschaft, den Traditionen, die uns verbinden, und den kleinen Wundern des Alltags.

Jede Anekdote ist wie ein Fenster in die Vergangenheit. Sie erinnert uns an die besonderen Charaktere, die unsere Dörfer geprägt haben, an Ereignisse, die uns zum Lachen, Staunen oder auch Nachdenken gebracht haben. Sie sind ein kostbarer Schatz an Erinnerungen, der unser Dorfleben so einzigartig und lebendig macht.

Ich möchte meinen aufrichtigen Dank an all jene richten, die über 25 Jahre hinweg unermüdlich als Sammler dieser Geschichten unterwegs waren. Ihre Beiträge, Ihr Enthusiasmus und Ihr Engagement haben diese Kalender zu einem unverzichtbaren Teil unserer Gemeinde gemacht. Sie haben die Essenz unserer Dorfgemeinschaft in Worten und Bildern eingefangen und sie für kommende Generationen bewahrt.

Während wir auf diese 25 Jahre voller Erinnerungen zurückblicken, möchten wir auch in die Zukunft schauen. Es ist unsere Hoffnung, dass in unsrer Gemeinde weiterhin noch viele Geschichten erzählt werden, neue Gesichter auftauchen und uns daran erinnern, wie wertvoll unsere gemeinsame Geschichte ist. Die Tradition des Geschichtenerzählens verbindet miteinander und stärkt jede Gemeinschaft.

Mögen diese Geschichten nicht nur in diesen Seiten verweilen, sondern in unseren Herzen weiterleben. Sie erinnern uns daran, wie wichtig es ist, unsere Geschichte zu bewahren, unsere Traditionen zu ehren und die Gemeinschaft zu schätzen.

In der Hoffnung, dass dieses Buch ein Lächeln auf Ihre Lippen zaubert und vielleicht auch ein Funke Neugierde entfacht mal hinter die Fensterscheiben zu blicken, grüße ich Sie und hoffe, dass die Geschichten aus unserer Gemeinde Hofstetten in Oberbayern noch viele weitere Generationen erfreuen werden.

Ulrike Högenauer
1. Bürgermeisterin der Gemeinde Hofstetten

Dank

All die Geschichten, die Sie in diesem Buch lesen konnten, sind wirklich geschehen und wurden mir von Frauen und Männern aus unserem Dorf erzählt. Seit 25 Jahren darf ich in Fotoalben blättern, in persönlichen Tagebüchern schmökern und in alten Schachteln kramen, um vergilbte Zeitungsartikel, Briefe und andere Erinnerungsstücke auszugraben. Selbst in Scheunen und verstaubte Dachgeschosse werde ich eingelassen, damit ich die zur erzählten Geschichte passenden Antiquitäten mit Fotos festhalten kann. Diese unerschöpflichen Quellen für all die Kuriositäten sprudeln nur, weil die Hofstetter, die Hagenheimer, die Memminger und die Grünsinker mir den Zugang zu ihren „Geheimnissen" ermöglichen. Dafür Euch allen recht herzlichen Dank.

Roman hatte im Jahr 2000 die Idee, statt eine Gemeindebroschüre, einen Kalender zu gestalten. Kathi, Line und Ruppert, Barbara und Michael und seit ein paar Jahren Ramona halten den Kalender nun seit 25 Jahren mit dem Design und allen notwendigen technischen Aufwand am Leben. Danke ganz besonders an Euch.

Herzlichen Dank an die Gemeinde Hofstetten. Mit Otto Sanktjohanser, Benedikt Berchtold und Ulrike Högenauer sind es bereits drei Bürgermeister, die sich zusammen mit ihren Gemeinderäten dafür eingesetzt haben und einsetzen, dass der Hofstetter Dorfkalender mit all seinen Informationen für die Bürger und eben diesen Anekdoten und Geschichten jedes Jahr ohne Zensur erscheinen kann und die auch stets das finanzielle Risiko für den Kalender und auch für dieses Buch getragen haben.

Am Schluss danke all denen, die mir bei der Gestaltung dieses Buches tatkräftig unter die Arme gegriffen haben, in dem sie mit auf die Titelsuche gegangen sind, mich bei der Fotoauswahl unterstützt haben oder Korrekturgelesen haben.

Bildnachweis

Alle Bilder, die in diesem Buch veröffentlicht sind, sind entweder von mir selbst gemacht oder wurden bereits für einen der 25 Kalender von den Rechte-Inhabern zur Verfügung gestellt und für die Veröffentlichung autorisiert.

Eine weitere Publikation des Autors Rolf-J. Lang:

Die Geschichte des jungen Gefreiten Hubert Rösler, der in den letzten Tagen des 2.Weltkrieges einen Auftrag angenommen hat, der ihn sein ganzes Leben bis ins 21. Jahrhundert begleitet hat und nach seinem Tod auch seinen Kindern schwer zu schaffen machte. Eine spannende Zeitreise durch 75 Jahre Bundesrepublik Deutschland.

BoD – Books on Demand, Norderstedt: 2020

ISBN 978-3-740-768867